Fanny Siegel

Grundannahmen des NLP im Vergleich zu antiken rhetorischen Grundannahmen

RAMPENPFAU
MEDIEN GMBH

Bibliografische Information der Deutschen Nationalbibliothek: Die Deutsche Nationalbibliothek verzeichnet diese Publikation in der Deutschen Nationalbibliografie; detaillierte bibliografische Daten sind im Internet über dnb.dnb.de abrufbar.

Rödingsmarkt 9, 20459 Hamburg

Herstellung: BoD – Books on Demand GmbH
In de Tarpen 42, 22848 Norderstedt

ISBN: 978-3-9818653-2-5

Inhalt

1 Einleitung

In der vorliegenden Bachelorarbeit sollen zwei zeitlich sehr weit auseinander liegende Themengebiete zusammengeführt und in Erfahrung gebracht werden, ob sie inhaltlich auch so weit voneinander entfernt sind. Neurolinguistisches Programmieren und Rhetorik der Antik weisen zwar Gemeinsamkeiten und Unterschiede auf, aber in welchen Kriterien ist ein Vergleich überhaupt möglich. Das stellt die Untersuchungsaufgabe dar. Die Erkenntnis, dass ein modernes Kommunikations- und Therapiekonzept seine Wurzeln bereits vor über 2000 Jahren in Griechenland und dem Römischen Reich hat, wäre mehr als spannend.

Da sich die Autorin mit dem Neurolinguistischen Programmieren in der Anwendung beschäftigt, hatte sie das Interesse an einer Arbeit in dieser Richtung. Desweiteren sind die wissenschaftlichen Errungenschaften der Rhetorik der Antike, wie es zumindest Sprechwissenschaftlern und anderen rhetorisch versierten und interessierten Personen bekannt ist, noch heute nicht nur die Grundlage, sondern der Großteil des Wissens in diesem Bereich. Nun stellt sich die Frage, ob ein Modell für effektivere Kommunikation, nämlich das Neurolinguistische Programmieren (im Verlauf der Arbeit als NLP bezeichnet), nicht ebenso die Grundlagen jener Zeit zu eigen hat.

Es wird ein ganz bestimmtes Kriterium zum Vergleich genutzt: Im NLP gibt es sogenannte Grundannahmen, bestimmte Werte, die dem erfolgreichen Arbeiten mit den Techniken vorausgestellt werden und für die Anwender quasi die Bedingungen darstellen. Daraus ergibt sich die Frage, ob es genau so etwas auch bereits in der griechischen und römischen Antike gab. Wenn ja, wo kann man so etwas finden? Zuallererst werden Originalschriften aus der Antike untersucht und danach abgewogen, welche Kriterien für den Vergleich am besten geeignet sind.

Im darauffolgenden Kapitel Zwei wird zunächst auf den Begriff des Neurolinguistischen Programmierens eingegangen: Was ist das überhaupt und wie kommt diese Bezeichnung zustande? Anschließend wird geklärt, wie NLP entstanden ist, wo es seine Wurzeln hat. Welche theoretischen Grundlagen werden hier verwendet? Fließen Aspekte aus der Praxis ein? Wer waren die Menschen, die dieses Konzept entwickelten und auf welche Persönlichkeiten und Erkenntnisse bezogen sie sich?

Kapitel Drei wird erklären, was die Grundannahmen sind, wie sie zustande kamen und was sie genau beinhalten.

Im zweiten Teil der Arbeit werden die historischen Wurzeln untersucht. Wie entstand die Rhetorik überhaupt? Wie hat sie sich bis Ende der römischen Antike entwickelt und was wurde vermittelt? Letzterer Punkt ist dann der Ausgangspunkt für die Suche nach geeigneten Kriterien zum Vergleich.

In der Annahme, dass es auch damals schon gewisse Richtlinien und Vorgaben gab, soll im letzten Teil der Vergleich mit den jeweiligen Kriterien durchgeführt werden.

Ein weiteres Ziel ist, einen Raum für weiterführende Arbeiten zu schaffen. Die Bachelorarbeit soll dabei als Grundlage für eine Masterarbeit und mögliche spätere Promotion dienen.

2 Was ist Neurolinguistisches Programmieren?

2.1 Begriff und Inhalte

Neurolinguistisches Programmieren klingt zunächst nach Informatik. Was verbirgt sich nun aber genau dahinter beziehungsweise der Abkürzung NLP?

Eine dreiteilige Definition liefert Alexa Mohl (2002, 10 ff.). Sie sagt „NLP ist die Veränderung mentaler Verhaltensmuster."

Hierzu verdeutlicht sie zunächst die Begriffsgenese wie folgt: „Neuro-" bezieht sich auf das menschliche Gehirn. In diesem finden neuronale Prozesse statt, die sowohl Verdauungs- und Bewegungsvorgänge des gesamten Organismus, als auch unsere Gedanken- und Gefühlswelt steuern. NLP beschäftigt sich genau mit diesen Abläufen, die schließlich das ganze Leben eines Menschen und damit auch sein tagtägliches Verhalten begründen. Vor allem unerwünschte Verhaltensweisen sind im Fokus, denn diese möchte man meist gerne ablegen.

„Linguistisches" bedeutet Sprachliches (verbal, paraverbal und nonverbal) und ist deshalb so wichtig, weil der Mensch mithilfe von Sprache kommuniziert. Selbst in unseren Gedanken nutzen wir Sprache. Hierzu sagt Weerth (1994, 44), dass es im NLP zwei grundlegend verschiedene, aber miteinander verknüpfte modale Repräsentationsmöglichkeiten zum Verarbeiten von Informationen gibt und „Auskunft über die grundlegenden Bausteine des Prozesses auf formaler, inhaltsfreier Ebene geben." Hierzu zählen „zum einen analoge (sensorische, nonverbale) Repräsentationsmöglichkeiten" (ebd.), also unsere fünf Sinne und wie bereits erwähnt ein sprachliches/verbales, ein sogenanntes digitales Repräsentationssystem. Weerth (ebd.) merkt hier an, dass diese Unterscheidung bereits von Watzlawick, Beavin und Jackson in Anlehnung an Bateson (mehr unter 2.2.3) unternommen wurde. Desweiteren bedient sich NLP bestimmter, selbstgenerierter Sprachmodelle über die besonders effektiv neuronale Strukturen beeinflusst werden, sprich, die unsere Denkvorgänge beeinflussen (z. B. Metamodell, Miltonmodell).

Was ist mit „Programmieren" gemeint? Unsere im Gehirn ablaufenden Prozesse Denken und Fühlen, und damit das Verhalten im jeweiligen Kontext, können wir in Worte fassen. Gibt es ein Verhalten, welches unter Umständen unangenehm ist, können wir es ändern, indem wir das neuronale Muster umschreiben. Also welche Sinnesreize unser Gehirn wie und in welcher Reihenfolge verarbeitet, hilft uns heraus zu finden, wie bestimmtes Verhalten zu Stande kommt. Wenn wir dieses Verhalten ändern wollen, müssen wir umschalten auf ein neues Programm. Diese Programme, so Weerth (1994, 16), „werden im NLP Strategien genannt.“ Wir programmieren also sämtliche wiederkehrende Abläufe in unserem Gehirn, somit unsere sinnlichen Prozesse durch Sprache und haben ebenso die Möglichkeit, diese durch Sprache zu verändern.

Desweiteren äußert Mohl (2002, 10): „NLP ist eine Kommunikationskunst“ und entwickelte sich ursprünglich aus der therapeutischen Praxis, der Beratung. Dabei ist es natürlich unabdinglich, wirksam zu kommunizieren. Um effektive Kommunikation zu erlangen, muss man sich auf Menschen einlassen können, bestimmte Fähigkeiten vorweisen. Diese Kommunikationsfähigkeiten waren die ersten, die NLP festsetzte. NLP beinhaltet Mittel und Wege wie z. B. „verschiedene Lernstrategien, die auf unterschiedliche Problemstrukturen zugeschnitten sind“ (ebd.), um gewinnbringender miteinander zu kommunizieren.

Weerth (1994, 17 ff.) geht darauf ein, wie der Mensch gewisse Dinge wahr nimmt, über welche Sinneskanäle er Informationen aufnimmt, auf welche Art und Weise diese verarbeitet werden und was passiert, wenn der Mensch sich erinnert oder etwas gedanklich konstruieren muss.

Das Gehirn bekommt Reize gesendet, die mit allen Sinnen aufgenommen werden können. Dabei ist es egal, ob etwas gesehen, gefühlt, gerochen, geschmeckt oder gehört wird. Das Gehirn verarbeitet all das. Die damit verbundene „Klassische Konditionierung“ nach dem russischen Physiologen Pawlow ist als allgemeines Lernparadigma bekannt. „Für ihn bestand Lernen im Wesentlichen aus dem Erwerb von Reaktionen auf äußere Reize.“ (Walker 2010, 77 f.). Dies ist wie folgt zu erklären: Manche Informationen verbinden wir mit bestimmten Situationen. Oder anders betrachtet: In manchen Situationen nehmen wir immer die gleichen Dinge wahr. Das können einfache Eindrücke sein wie der Geruch nach frischem Gras, wenn wir Rasen mähen oder an einer frisch gemähten Wiese vorbei kommen, oder aber auch Eindrücke wie Herzrasen, schwitzige Hände, eine unscharfe Umgebung, wenn wir z. B. in einer Prüfungssituation sind. Diese Vorgänge nennt man Reiz-Reaktions-Kopplungen.

Mithilfe von NLP kann der gleiche Reiz (Sinneseindruck) mit einer anderen Reaktion verknüpft werden. Die unangenehme Situation wird somit zu einer angenehmen gemacht.

„NLP besteht darin, erfolgreiche Menschen zu modellieren.“ (ebd., 9). Man betrachtet also erfolgreiche Verhaltensweisen und arbeitet ein Modell heraus, nämlich die Funktionsweise dieser Verhaltensweisen. Bandler (1994, 23) sagt hierzu „Was wir im Grunde tun, ist, wenig Aufmerksamkeit auf das zu richten, was die Leute sagen, daß sie tun, und viel Aufmerksamkeit auf das zu richten, was sie tun. Und dann bauen wir uns ein Modell von dem, was sie tun.“ Mit dem gewonnenen Modell macht man anderen Menschen ebenso diese Erfolge zugänglich, sei es eine gute Managementstrategie, eine leistungssteigernde Strategie für Sportler oder eine besonders gute Verkaufsstrategie. Somit ist NLP allgegenwärtig und sehr flexibel, da quasi alle Lebensbereiche hineinfließen und die verschiedenen Fähigkeiten weiter gegeben werden können.

Alle im NLP statt findenden Verhaltensänderungen bezeichnet man als Lernprozesse. Allein dieser Begriff verhindert, dass man es nur der Therapie zuordnet. Was das Urteilen angeht, so muss sich das Neurolinguistische Programmieren auch einer Polarisation aussetzen. Auf der einen Seite wird weltweit von dessen Erfolg berichtet, auf der anderen Seite wird es als unwissenschaftlich angesehen. „Nur selten vermochte ein Ansatz die damit befaßten Menschen derart extrem in zwei Lager zu spalten“ sagt Walker (2010, 16). Er sieht die „vielen (meist enthusiastischen) Befürworter des NLP […] vor allem in den Reihen der therapeutischen Praktiker“ (ebd.). Neben dem Pragmatismus wird auch die Zielorientierung des NLP geschätzt. Im Gegensatz zu den meisten anderen therapeutischen Schulen arbeitet NLP nicht problemorientiert und lässt die Klienten bestimmte schmerzliche Erlebnisse oder Prozesse erneut durchleben, sondern sorgt mit seiner Lösungsorientierung dafür, dass recht schnell und angenehm Erfolge verbucht werden können. Phobien behandeln, Sprachmodelle anwenden oder Verhaltensweisen ändern – NLP kann natürlich nicht nur kommunikationspraktisch, therapeutisch, prozessoptimierend usw. eingesetzt werden, sondern auch manipulativ, stark kommerzialisiert und unseriös (vgl. ebd., 17).

„Man kann NLP auch begreifen als eine große Werkzeugtasche mit den vielfältigsten Problemlösungsstrategien, mit denen Menschen andere und sich selbst unterstützen können, Probleme der unterschiedlichsten Art zu bewältigen." Mohl (2002, 12).

NLP kann nicht nur in Therapie und Coaching, sondern allgemein in menschlichen Lernprozessen, wie z. B. im Berufsalltag, Anwendung finden. Insgesamt geht es davon aus, dass jeder Mensch, so wie er ist, genau richtig und kein Verhalten krank oder fehlerhaft ist. „Jeder Mensch funktioniert perfekt!" ist eine Grundannahme des NLP, auf die in Kapitel 3 genauer eingegangen wird.

2.2 Entstehung und Wurzeln des NLP

„Die Entwicklung des NLP wurde Anfang der 1970er Jahre in den Vereinigten Staaten von John Grinder, [ehemaliger Linguistikprofessor; F.S.] und [….] Richard Bandler, [Mathematiker und Psychologe; F.S.] begonnen." (Weerth 1994, 7). „Gemeinsam mit Leslie Cameron-Bandler, Juditth DeLoizier, Robert Dilts und David Gordon" (ebd.) wurde das Ganze fortgeführt. Ebenso lieferten Connirae und Steve Andreas, Wyatt Woodsmall, sowie Tad James eigene Beiträge zur Weiterentwicklung des NLP.

Bandler und Grinder entwickelten ihre Modelle im engen, persönlichen Austausch mit Gregory Bateson (2.2.3), Virginia Satir (2.2.5), Robert S. Spitzer (2.2.1) und Milton H. Erickson (2.2.6) und der Palo-Alto-Gruppe (2.2.4) am Mental Research Institute (MRI). (Walker 2010, 55).

Die Menschen dieser Zeit befanden sich in ein einer ganz besonderen Aufbruchsstimmung, der Zeit des Flower-Power:

> „Jene wilde Zeit war geprägt von der Ablehnung des Überkommenen. Die materialistische Orientierung der amerikanischen Gesellschaft, die immer absurdere Eskalation des Rüstungswettlaufs und das militärische Engagement der USA in Vietnam hatten eine oppositionelle Bewußtseinsströmung hervorgebracht, die sich den Normen der Leistungsgesellschaft verweigerte. […] Nicht Vaterland, Familie und Leistung, sondern Liebe, Frieden und persönliches Glück sollten zum Leitmotiv einer neuen Zeit werden." (ebd., 21).

Im Sommer 1967 erreichte diese kulturelle Revolution ihren Höhepunkt beim legendären Woodstock-Festival. Der Traum wurde allerdings durch die „Hell's Angels" zerstört, denn sie ermordeten den Farbigen Meredith Hunter unmittelbar vor der Bühne bei einem Rolling Stones Konzert (ebd., 22).

2.2.1 Richard Bandler

Als 1967 Robert S. Spitzer, „renommierter Psychiater und Präsident des Verlagshauses Science & Behavior Books in Palo Alto" (ebd.) von seiner Frau Becky auf die außergewöhnlichen Fähigkeiten des „17jährigen Schülers der Freemont High School aufmerksam gemacht" (ebd.) wurde, war die Welt noch in Ordnung und der Traum der Hippie-Bewegung noch nicht ausgeträumt.

Die Familie Spitzer hatte Richard Wayne Bandler, 1950 in New Jersey geboren (ebd., 21), eingestellt, um ihrem Sohn das Schlagzeugspielen beizubringen. Auffällig positiv waren dabei die Methoden Bandlers, sowie sein reges Interesse für philosophische Fragen.

Man kann die Spitzers als Gönner Bandlers bezeichnen, denn sie unterstützten ihn, wo es nur ging. Spitzer meinte, dass Bandler „außerordentlich geschickt und vielseitig talentiert" sei (ebd., 22). So kam es, dass Bandler verschiedene Aufgaben übertragen wurden und er sogar im Verlag arbeiten durfte. Unter anderem gehörte dazu „das Anfertigen von Video- und Tonbandaufnahmen von Therapie-Workshops." (ebd.).

Bandlers aufregende akademische Karriere begann „mit einem zweijährigen Besuch des Foothill College in den Los Altos Hills." (ebd.). Spitzer äußerste, dass es Bandlers Professoren nicht leicht hatten, denn er war kaum umzustimmen, wenn seine Gelehrten anderer Meinung waren. Er beharrte bis ins kleinste Detail auf seiner Meinung.

2.2.1.1 Gestalttherapie nach Fritz Pearls

Nach seinem Collegeabschluss ging Bandler an die University of California in Santa Cruz, wo er zunächst Kurse „in Philosophie, Mathematik und den Computerwissenschaften" (ebd., 24) belegte. Mit der Zeit wuchs aber sein Interesse für die Verhaltenswissenschaften und seine Aufmerksamkeit galt vor allem der Arbeit von Fritz Perls.

„Fritz Perls, der Begründer der Gestalttherapie, befand sich damals – nach eigener Einschätzung – auf dem Höhepunkt seiner Lehrtätigkeit und seines schriftstellerischen Schaffens." (ebd.). Friedrich S. („Fritz") Perls (*1893) stammte aus Deutschland und war Psychiater und Psychoanalytiker. Als Anhänger der Humanistischen Psychologie und ausgehend von Sigmund Freuds Psychoanalyse, entwickelte er bereits seit den 1940er Jahren seine Gestalttherapie (ebd., 117 f.). Perls Begeisterung für das Theater floss in seine Arbeit mit ein, denn er entdeckte die „vielfältigen Aspekte der Körpersprache", die nicht nur für die Schauspielerei wichtig waren (ebd., 118).

Perls studierte Medizin, war zwischenzeitlich im Ersten Weltkrieg als Sanitätsoffizier tätig, promovierte 1921 und „eröffnete eine Praxis als Psychiater und Neurologe." (ebd.).

Er lernte Anfang der 1920er Jahre die Psychoanalyse kennen. Nach „autodidaktischen Studien und einem mehrmonatigen Aufenthalt in New York unterzog er sich [...] 1925 einer Lehranalyse bei Karen Horney [...] und bearbeitete Kontaktprobleme, unter denen er in seiner ersten längeren Beziehung mit einer Frau litt. Nach zahlreichen Wechseln in Perls Betreuung durch Psychoanalytiker eröffnete er seine eigene psychoanalytische Praxis, war „jedoch nach wie vor unzufrieden" (ebd., 119) mit sich selbst. Nachdem Perls „im Frühjahr 1932 Reichs Klient" (ebd., 126) wurde, „einer der führenden Köpfe der jungen Analytiker" (ebd., 120), musste Perls aufgrund der Machtergreifung der Nazis Deutschland verlassen. Er war Jude und Psychoanalytiker und stand somit auf der „schwarzen Liste" der Nazis (ebd.).

Nach zwei Jahren in Amsterdam setzte sich Freuds bester Freund Ernest Jones „für die verfolgten jüdischen Psychoanalytiker ein." (ebd.). Perls ging mit seiner Familie nach Südafrika, „gründete in Johannesburg das South Africa Institute for Psychoanalysis" (ebd.) und war dort total auf sich allein gestellt. Mangelnde Anerkennung für seine Arbeiten (er hatte sich mit seinen Überlegungen zunehmend mehr von den klassischen Psychoanalytikern entfernte) und schließlich die enttäuschende Begegnung mit Sigmund Freud (er war einfach anders als erwartet und sehr unterkühlt) brachten Perls dazu, mehr oder weniger seinen eigenen Weg zu gehen (vgl. ebd., 126 f.).

Lore Perls, seine Frau, die ebenso therapierte, „wagte es zuerst, sich den Klienten gegenüberzusetzen." (ebd., 128). Nach Freuds Ansicht sollte sich der Therapeut nicht im Blickfeld des Patienten befinden (ebd., 122). Das Ehepaar brach weitere Tabus und „Perls erlebte diese Zeit als persönliche Krise, die ihn zu einer philosophischen, wissenschaftstheoretischen und praktischen Neuorientierung führte." (ebd., 128).

„Die bewusste Wahrnehmung des Hier und Jetzt" sowie die prozesshafte Natur von Symptomen wurden zunehmend wichtiger in Perls Augen und brachten somit den „entscheidende[n] konzeptionelle[n] Fortschritt gegenüber Reich" (ebd., 130).

Perls brachte ein Buch namens „Ego, Hunger und Aggression" heraus, arbeitete als Armeepsychiater in der südafrikanischen Armee und entwickelte dort aus Zeitnot erste Kurzzeittherapien (leider nicht sehr erfolgreich). Die Familie Perls ging nach Amerika und dort entwickelte sich nun die Frühform der Gestalttherapie (ebd., 131 ff.). „Im Vordergrund standen Störungen des Kontaktverhaltens." (ebd., 134). Die Begegnungen mit dem Neo-Analytiker Sullivan „und dem Sozialphilosophen, Alternativpädagogen und Schriftsteller Paul Goodmann" (ebd., 24) brachten neue Impulse.

Die 1950er Jahre waren eine erneute Krisenzeit für Perls. Aufgrund fehlender Anerkennung u. a. durch seine Frau, die selbst als erfolgreiche Gestalttherapeutin arbeitete, verließ Perls 1956 seine Familie.

Aufgrund von immer wiederkehrenden schmerzhaften Angina-pectoris-Anfällen und dem steigenden Risiko eines Herzinfarktes zog sich Perls zwei Jahre lang aus der Öffentlichkeit zurück. Eine erneute Liebe mit einer 32 Jahre jüngeren Klientin schenkte ihm schließlich neuen Lebensmut und Energie, den Gestaltansatz erneut zu verbreiten. Er bildete Psychiater aus und ging dafür nach Miami und stellte durch die räumliche Trennung fest, wie wichtig ihm seine neue Liebe war. Dabei kamen auch sehr negative Charaktereigenschaften, wie Eifersucht und Besitzergreifung, zum Vorschein. Diese führten zur Trennung von seiner Geliebten und einer persönlichen Krise mit extremen Drogenexzessen (LSD und Psylocibin). Perls Gesundheit war nun mehr stark beeinträchtigt, sein Herz wurde schwächer, er musste mehrfach operiert werden. Zusätzlich litt er aufgrund immensen Drogenmissbrauch an schweren Störungen seiner Persönlichkeit (vgl. ebd., 135 f.).

In Kalifornien versuchte Perls 1959 sein Glück mit der Erweiterung seines Bewusstseins, was „per se heilsam sein“ (ebd., 136) sollte, Perls jedoch nicht abhalten konnte von zunehmender Verzweiflung und einem nach außen stark auftretendem Zynismus und starker Aggressivität. Er stellte nun fest, dass er immer noch keine Lösung zur Heilung, weder für sich noch für seine Klienten gefunden hatte. Es gab zwar eine Zunahme des Bewusstseins, jedoch keine radikale Wendung. Mit einem Mal stelle Perls die gesamte Psychotherapie in Frage. „Er war in eine existentielle Sackgasse geraten und stand kurz davor, sich aufzugeben.“ (ebd., 137).

1960 startete er eine Weltreise. Er bereiste Hawaii, Tokio, Kyoto (hier lebte er auch zwei Monate in einem Zen-Kloster) und Hongkong. In Israel lebte er sogar „in Elat – einem Kibuzz an der Südspitze des Landes“ (ebd.). Das Leben in der Gemeinschaft stabilisierte ihn und nur sein Drang nach neuen Erkenntnissen brachte ihn zurück in die USA. Wenig später wurde Perls in das Esalen Institute eingeladen. Dies sollte sein Leben verändern. „Man erstrebte eine Synthese von spiritueller Weisheit mit westlichem Gedankengut in Wissenschaft, Philosophie, Religion und Psychotherapie. Persönliche Veränderung im Rahmen einer Lebensgemeinschaft sollte hierfür die Grundlage bilden.“ (ebd., 138).

Das Zusammenleben in der Gemeinschaft von Esalen und die Körperarbeit von Ida Rolf (die später durch Perls bekannt) wurde und das Gefühl Perls, das erste Mal eine Heimat gefunden zu haben, machten aus dem einst miesepetrigen, nun bereits 70 Jahre alten, Mann einen Menschen, der nun „Weisheit, Lebensmut und Zärtlichkeit“ (ebd.) ausstrahlte.

„Perls erarbeitete ein psychotherapeutisches Prozeßmodell, das seinen eigenen Veränderungsprozeß widerspiegelte.“ (ebd., 139). Mit diesem Modell war er nun davon überzeugt, „den Schlüssel zur therapeutischen Veränderung gefunden zu haben.“ (ebd., 140). Systematisches und zielgerichtetes Vorgehen war ihm nun das erste Mal möglich geworden, allerdings konnte er es nicht „explizit beschreiben, was genau er im einzelnen tat und woran er sich bei seinen Interventionen orientierte.“(ebd.).

Ausgesprochen wichtig war nun aber seine Entdeckung, dass „tiefgreifende Veränderungsprozesse – unabhängig von den konkreten Inhalten – nach einem typischen Muster verlaufen.“ (ebd.).

Von 1965 bis 1969 arbeitete er ausschließlich in Workshops, einzeltherapeutische Sitzungen gab es kaum noch. Seine Person zog Menschen aus der ganzen Welt an und seine Arbeit wurde auf Tonband und Video mitgeschnitten. Von großer Bedeutung war das Nonverbale in Perls Therapie, ebenso die Einheit von Körper und Geist (ebd., 141 ff.).

Perls stellte fest, dass die verbalen Äußerungen seiner Klienten oft im Widerspruch zu ihrem nonverbalen Verhalten standen. Er war der Meinung, dass man keine Bedürfnisse wirklich unterdrücken könnte, durch bestimmte unbewusste Bewegungen, die Stimme, die Haltung kämen ja schließlich doch die Wünsche und Bedürfnisse zum Vorschein. (ebd., 144)

Desweiteren sah sich Perls nun endlich selbst imstande, den Unterschied zwischen der Gestalttherapie und der Psychoanalyse zu formulieren. Die Klienten sollten lernen, „ihre Aufmerksamkeit auf das Hier und Jetzt ihrer Existenz zu richten. Erkennen sie erst, wie sie sich selbst immer wieder aufs Neue einschränken, dann – so Perls – öffnet sich das Tor zur Veränderung wie von selbst." (ebd., 146).

Der Bogen zu Familie Spitzer und Richard Bandler spannt sich wie folgt: Im Dezember 1969 unterzeichnete Perls einen Vertrag mit Spitzers Verlag. Er sollte mehrere Bücher schreiben. Aus dem Schreiben dieser, inklusive des Einbeziehens der Live-Transkripte, die Perls bei der Arbeit zeigten, wurde leider nichts, denn Perls erlag 1970 seinem „Karzinom an der Bauchspeicheldrüse" (ebd., 150). Nun stellte sich die Frage, wie es mit diesem Projekt weiter gehen sollte. Spitzer schlug zunächst Perls Schülern vor, das umfangreiche Material, welches Perls hinterlassen hatte, heraus zu bringen. Diese lehnten das aber ab. Mitte 1972 bat Spitzer Bandler um Hilfe. (ebd., 25)

Wie besessen nahm Bandler diese Aufgabe an und setzte sie bestmöglich um. Er sollte Videoaufnahmen einführender Gestaltsitzungen Perls auswählen und verschriftlichen und diese Transkriptionen sollten dann die Manuskripte Perls ergänzen. Mehrere Schriften wurden veröffentlicht. Bandler setzte sich so intensiv mit Perls auseinander und begann, obwohl er ihn nicht persönlich kannte, sich so wie er zu verhalten. (ebd., 25 f.)

2.2.1.2 Die ersten Gruppen der Jahre 1972 und 1973

Bandler bot 1972 ein praxisorientiertes Seminar der Gestalttherapie am Kresge College, der University of Santa Cruz an. Für die Studenten gab es die Chance, eigene Seminare zu planen und durchzuführen. Noch war Gestalttherapie eine Neuheit im behavioristisch geprägten Lehrbetrieb. Die wenigen erlebnisorientierten Gruppen gingen meist auf den Ansatz „Carl Rogers, dem Begründer der Gesprächspsychotherapie, zurück. Rogers war einer der Väter der sog. „Humanistischen Psychologie" (ebd., 26), die sich als dritte Strömung 1962 neben der Psychoanalyse und dem Behaviorismus etablierte.

„Trotz vieler programmatischer Parallelen zum gestalttherapeutischen Ansatz von Perls (er wird ebenfalls zu den sog. Humanistischen Psychotherapien gerechnet)" (ebd., 27) unterschieden sie sich vom Grundgedanken her doch sehr. Rogers gruppendynamischer Kern mit Augenmerk auf „authentische Begegnung" stand der „therapeutische[n] Wirkung der Gestaltarbeit im Rahmen einer Gruppe" (ebd.) gegenüber. Außerdem wollte Bandler die Möglichkeit nutzen, seine bisher nur theoretischen Kompetenzen, in der Praxis auszuprobieren und ebenso praktische Kompetenzen zu entwickeln.

2.2.2 John Grinder modelliert Bandler

John Grinder, geboren am 10.01.1939 in Michigan, wurde Supervisor für Bandlers Gestalttherapie-Seminar.

Zuvor arbeitete er „als Undercover-Agent für die CIA." (ebd., 28). Er bereiste in diesem Rahmen Deutschland, Jugoslawien und Italien. Bekannt wurde er Anfang der 1970er Jahre mit „der auf Noam Chomsky zurückgehenden Schule der Transformationsgrammatik" (ebd.). Gregory Bateson war der Vorgesetzte des jungen Assistenzprofessors für Linguistik und ebenso am Kresge College tätig.

Noch unerfahren mit Psychotherapie und Beratung war Grinder allerdings stets im Einsatz für fortschrittliche Lernmethoden. Schnell erkannte er Bandlers außerordentliche Begabung für therapeutische Fertigkeiten. Die Entwicklung der Gestaltgruppen nahm schnell ihren Lauf: Begeisterung der Studenten und zunehmende Mund-Propaganda brachten viele

Interessenten. Die zunächst nur durch Bandler angeleiteten Seminare fanden nun auch an Wochenenden oder sogar nachts statt.

Bandler vereinbarte mit Grinder, dass er ihm beibringen würde, selbst Gestalttherapie durchführen zu können. Im Gegenzug sollte Grinder herausfinden, was Bandler da genau tat. So begann die Modellierung Bandlers durch Grinder. (ebd., 28 f.)

Weerth (1994, 8) fasst das Modellieren wie folgt zusammen: Man sucht sich geeignete Vorbilder, beobachtet diese aufmerksam und befragt sie eventuell, leitet daraus allgemeingültige Regeln und Muster ab und ahmt schließlich das daraus entstandene System nach. Damit prüft man nun die Wirksamkeit. Diese Idee stammt ursprünglich aus dem Schulen von Verkäufern. Man wählte erfolgreiche Verkäufer aus und analysierte deren Strategie und fügte dann die gewinnbringenden Verhaltensweisen für die Ausbildung anderer Verkäufer zusammen.

Das linguistische Wissen Grinders und seine Kenntnisse bezüglich der Modellierung auf der einen Seite und Bandlers therapeutische Erfahrungen in den Disziplinen „Gestalttherapie, Familientherapie, Rolfing und Reichianischer Körperarbeit“ (Walker 2010, 30) auf der anderen Seite ergaben eine sehr produktive Zusammenarbeit. Ein zusätzliches Plus war nun auch Bandlers Talent, Menschen nachahmen zu können.

Die experimentellen, hauptsächlich therapeutische Ziele verfolgenden, Gruppen der Anfangszeit Bandlers und Grinders, wurden schnell „fester Bestandteil der Gruppenaktivitäten in der Gegend um Santa Cruz.“ (ebd.).

Zusätzlich gab die schillernde und ambitionierte Persönlichkeit Bandlers, der zudem noch so jung war, aber sein Ziel klar verfolgte, „diesen Gruppen von Anfang an eine besondere Note. Eine häufig von ihm benutzte Redewendung, die seine Grundhaltung spiegelte, lautete: ‚Go for it…NOW!!!‘ “ (ebd.).

2.2.3 Gregory Bateson

Der 1904 in England geborene Gregory Bateson „gilt als einer der bedeutendsten und fruchtbarsten Denker des 20. Jahrhunderts." (ebd., 57).

Es gibt mehrere Gründe, warum er dennoch nicht so bekannt ist. Einerseits hatte er außergewöhnliche Ideen: Als ausgebildeter Anthropologe lag ihm viel daran, transkulturelle Erkenntnisse zu schaffen.

Andererseits war er gegen eine ideologische Überhöhung eigener kultureller Prägungen. Zudem arbeitete er ausschließlich interdisziplinär, das heißt, für ihn gab es keine Fächergrenzen. (ebd., 58).

„Ohne zu zögern nutzte er Erkenntnisse aus Anthropologie, Psychologie, Soziologie, Linguistik, Zoologie, Botanik, Geschichte, Kunst und Kybernetik, um seine Vorstellungen zu erläutern." (ebd.) Außerdem wird der Zugang zu Batesons Texten durch seine verwirrende und unkonventionelle Sprache erschwert.

Bateson studierte in Cambridge zunächst Zoologie. Nach Abschluss seines Studiums 1924 ging er „auf den Spuren Darwins zu den Galapagos-Inseln" auf Reisen. Danach studierte er Anthropologie und lernte in Neuguinea seine Frau, die bekannte Anthropologin Margaret Mead, kennen. Seine Forschungsergebnisse aus Neuguinea wertete er unter systematischen Gesichtspunkten aus und entwickelte daraus ein neues Modell zum Thema „Persönlichkeitsbildung von Menschen aus kulturell standardisierten Mustern der Interaktion ab." (ebd., 61) 1936 veröffentlichte er diese Erkenntnisse in seinem Buch „Naven" und reiste mit seiner Frau nach Bali, um dort Feldnotizen, Interviews und erste Filme und Photographien zu machen. (ebd., 62)

> „Anfang der 40er Jahre befaßte sich Bateson mit den Fragen sozialer Lernprozesse. […] Bateson stellte die Frage, wie menschliche Gesellschaften verschiedene Charaktertypen und Glaubenssysteme hervorbringen konnten. Zu diesem Zweck setzte er sich kritisch mit den Lerntheorien der Verhaltenswissenschaften auseinander." (ebd.)

Die Zeit nach dem Zweiten Weltkrieg verbrachte Bateson mit Ausarbeitungen zu den Grundkonzepten der Kybernetik. Seine Ehe kriselte und in diesem Rahmen beschäftigte er sich auch damit, kybernetische Aspekte auf therapeutische zu übertragen. Bateson stellte fest, wie überaus wichtig kommunikative Prozesse dabei sind. (ebd., 63)

Das endgültige Aus der Ehe veranlasste ihn, New York zu verlassen und nach San Francisco zu gehen, wo er als Ethnologe „am Veterans Administration Hospital in Palo Alto“ (ebd.) die Möglichkeit hatte, alles zu studieren, was ihn interessierte. Psychiater Ruesch führte Bateson in die Psychiatrie ein und 1951 veröffentlichten die beiden ein Buch (Communication: The Social Matrix of Psychiatry.). Die Fundamente für eine Theorie der menschlichen Kommunikation waren gelegt. Ebenso wichtig war „die These, dass psychopathologische Phänomene als intrapersonale und/ oder interpersonale Störungen der Kommunikation betrachtet werden könnten.“ (ebd.)

Die in den folgenden Jahren aufkommende „Double-Bind“-Hypothese Batesons betreffs der Schizophrenie war seine bekannteste wissenschaftliche Leistung (dazu mehr in einem nächsten Teilkapitel). Die Scheidung von Margaret Mead, eine weitere sechs Jahre andauernde Ehe mit Betty Summer und schließlich die Heirat von Lois Cammack lagen vor seinen Kommunikationsforschungen mit Delfinen, die er in St. Thomas und Hawaii betrieb. Weitere Kommunikations- und erkenntnistheoretische Forschungen füllten sein Leben aus (ebd., 64).

1972 kehrte er nach Kalifornien zurück und lehrte dort am Kresge College, wie bereits erwähnt wurde John Grinder dort sein Assistenzprofessor. 1978 diagnostizierte man ihm einen unheilbaren Lungenkrebs. Bis zu seinem Tod 1980 beendete er allerdings noch seine Revision der Darwinschen Evolutionslehre in dem Buch „Mind and Nature. A Necessary Unity.“ (ebd., 66.)

2.2.3.1 Kybernetische Erkenntnistheorie

Bateson, McCulloch und Bigelow sprachen 1942 im Rahmen einer Konferenz in New York über den kybernetischen Begriff der Rückkopplung (Feedback) und Bateson erfasste schnell, wie wichtig „dieser Begriff für seine Forschungen“ (ebd., 86) war.

In einer Reihe von Kongressen im Jahre 1945 war Bateson gemeinsam mit eben genannten und weiteren Wissenschaftlern wie Norbert Wiener,

John von Neumann, Margaret Mead etc. mit dem Ausarbeiten des Kybernetik beschäftigt.

> „Gegenstand dieser neuen Forschungsphilosophie war das Verhalten einfacher und komplexer Systeme. Unter ‚System' verstand man dabei allgemein eine Gesamtheit interagierender Elemente, in der jede Veränderung eines Elements Veränderungen bei allen anderen Elementen nach sich zieht." (ebd.)

Dabei, so Weerth (ebd.), ist es irrelevant was als System oder als Element bezeichnet wird, denn alle Systeme und deren einzelne Elemente haben eins gemeinsam: einen Informationsaustausch zwischen den einzelnen, systembildenden Elementen. Das können also Gebäude, Gruppen, Maschinen, Organe etc. sein. Die Übertragung der Informationen wird „allgemein als ‚Kommunikation' definiert." (ebd.).

Die einzelnen Elemente sind mit individuellen Merkmalen versehen und miteinander durch ein Kommunikationsnetz verbunden, somit sind sie nicht einfach nur ein ungeordneter „Haufen". (ebd.)

Wie sich ein System nun also verhält, hängt von der Kommunikation innerhalb seiner Komponenten ab. Jede Veränderung im System bewirkt eine Veränderung der einzelnen Teile, die Information kommt schließlich wieder bei dem Ausgangselement an. „Grob vereinfacht ist dies die Struktur einer sog. Feedbackschleife." (ebd.).

Die Systeme kommunizieren in sich, aber auch nach außen hin. Man spricht hier auch von einer Wechselbeziehung. Diese Rückkopplung mit Ein- und Auswirkungen auf Systeme und deren Umwelt bildet aus „kybernetischer Sicht die Grundlage aller zielgerichteten Steuerungsprozesse – und damit auch des menschlichen Handelns." (ebd.).

Bateson wollte nun diese Erkenntnisse auf die Humanwissenschaften übertragen. Nun wollte er sich ganz dem Studium der Kommunikation widmen, da der Austausch von Mitteilungen schließlich die Grundlage für soziale Systeme ist.

2.2.3.2 Kommunikationstheorie

Bateson und Jürgen Ruesch (Schweizer Psychiatrieprofessor) arbeiteten von 1949 bis 1951 zusammen an dem Sammelband „Communication: The Social Matrix of Psychiatry." Dieses Projekt entstand aus der Überlegung heraus, dass ein Psychiater sich ständig auch mit den physischen, psychischen, sozialen und kulturellen Hintergründen eines Patienten auseinandersetzen muss. Im Gegensatz zu zahlreichen anderen wissenschaftlichen Disziplinen verbanden die beiden hier sämtliche theoretische Ansätze. „Dieses Buch ist die eigentliche Pionierarbeit auf dem Gebiet einer allgemeinen Theorie der menschlichen Kommunikation." (ebd., 87 f.).

Jede Forschungsrichtung hatte einen anderen Blickwinkel und ihr eigenes Begriffsinventar. Bateson und Ruesch wollten die Differenzen der einzelnen Zweige überwinden und „entwickelten ein allgemeines Interaktionsmodell, in dessen Zentrum ein systemtheoretisch konzipierter Begriff der Kommunikation stand." (ebd., 88).

Da das menschliche Leben aus Kommunikation besteht und ohne diese undenkbar wäre (der Mensch muss sich in soziale Netze integrieren), wollten Ruesch und Bateson eben diese zum Zentrum der Humanwissenschaften machen.

Mit der kybernetischen Sicht auf den Menschen eröffnete sich eine ganz neue Sichtweise auf psychopathologische Systeme. Wenn man davon ausgeht, dass Denken und Fühlen rückgekoppelte Informationskreisläufe in unserem Hormon- und Nervensystem sind und beachtet, dass eben diese Systeme auch eine Wechselwirkung nach außen hin haben, sich quasi mit unserer Umgebung austauschen, und das alles unterbewusst und prozesshaft stattfindet, so kann man auch davon ausgehen, dass alle auffälligen Erscheinungen unserer Psyche auch prozessual sind. Somit werden Ängste, Süchte usw. zu Verhaltensweisen, die ein Mensch in einer bestimmten Situation als auffälliges Verhalten aufweist, zu aktiv ausgeführten Prozessen statt weiterhin als krankhafte „Dinge" betrachtet zu werden. (vgl. ebd. 89 f.).

Daraus resultiert nun auch die Sichtweise Batesons und Rueschs, besser zu hinterfragen, wie genau die psychopathologischen Symptome funktionieren, also wie die Patienten bestimmtes Verhalten wahrnehmen, statt nach einer Ursache zu suchen. (ebd., 90 f.). Somit ergab sich für die Psychotherapie ein neuer Gesichtspunkt. Da Menschen nach ihrer eigenen

Wahrnehmung handeln und sich entsprechend verhalten, ist es sogar möglich durch Ändern der Wahrnehmung ein anderes Verhalten zu erzielen. „Ziel jeder Therapie ist nach Auffassung Batesons und Rueschs also die Neuregulierung der Informationsverarbeitungsprozesse des Klienten." (ebd., 92). Wie man nun aber kommunizieren kann, damit die gewünschte Veränderung stattfindet, mit dieser Frage beschäftigten sich Bandler und Grinder Anfang der 1970er Jahre.

2.2.3.3 „Double-Bind"-Hypothese zur Schizophrenie

Batesons Absicht nach der Arbeit mit Ruesch, sich explizit mit dem Studium der Kommunikation zu beschäftigen, deren Prozesse zu durchleuchten und dann Gesetzmäßigkeiten zu entwickeln, brachte ihn zum Studium der schizophrenen Kommunikation. Denn „hier wurden kommunikative Regeln am gründlichsten mißachtet." (ebd., 93). Mit dem Kontrast zwischen krankhafter und gesunder Kommunikation erhoffte sich Bateson, „grundlegende Elemente am ehesten enthüllen" (ebd.) zu können.

Im Rahmen einer Studie vertiefte die Forschungsgruppe (Bateson, Fry, Haley, Jackson) „die Idee, daß metakommunikativen Rahmengebungen eine entscheidende Rolle für die Bedeutung einer kommunizierten Botschaft zukommt." (ebd.). Metakommunikative Rahmen können also durch Verbales, Nonverbales und bestimmte Kontexte, in denen etwas gesagt oder getan wird, gegeben werden. Die Forscher gingen davon aus, dass ein an Schizophrenie Leidender nicht in der Lage ist, die metakommunikativen Rahmengebungen zuzuordnen. Somit kann die Frage „Wie geht es Ihnen?" je nach Kontext tatsächlich eine andere Bedeutung haben, jedoch ist der Schizophrene nicht in der Lage, zu identifizieren, in welchem Kontext Gesagtes gerade stattfindet.

Bateson sah als die Ursache hierfür irreführendes und widersprüchliches Verhalten der Familien von Schizophrenen. Verbales und nonverbales Verhalten geben zwei unterschiedliche Emotionen an. Einerseits wendet sich eine Mutter, die Angst „vor zärtlichen, ablehnenden oder gar feindseligen Gefühlen gegenüber dem Kind" nonverbal ab, „wenn das Kind ihre Nähe sucht. Andererseits leugnen sie dies und sind bemüht, sich nach außen hin scheinbar liebevoll zu verhalten. Dabei stellen sie ihr abweisendes nonverbales Verhalten verbal in einen Rahmen, der vorgibt, das Beste für das Kind zu wollen." (ebd., 97 f.). Angenommen die Mutter möchte allein sein, würde sie das so nicht sagen, stattdessen äußert sie: „Geh in dein Zimmer, du musst noch deine Hausaufgaben machen. Ich möchte, dass du weiter gut in der Schule bleibst!" Damit das Kind nicht entdeckt, dass die Mutter vielleicht lieber etwas wie „Geh mir aus den Augen" sagen wollte, glaubt es, dass es besser sei, nun die Hausaufgaben zu erledigen. Somit unterscheidet es die metakommunikativen Mitteilungen gar nicht erst richtig (Mutter könnte zum Beispiel mit ihrem Körper total abgewandt sein). Das Kind wird also getäuscht und muss sich der Situation anpassen, also auch gegen sein Selbst handeln, welches es schon bald vielleicht nicht mehr eindeutig wahrnehmen kann. Wendet es sich von der Mutter ab, kann diese das als einen Vorwurf auffassen. Sucht es die Nähe, kann die Mutter eventuell mit Furcht reagieren. Egal welches Verhalten das Kind wählt, wie es die Mutter quasi deutet, es ist beides „falsch", also ist es gefangen in einem „double bind" (Äußerung plus Nonverbales plus Kontext lässt zwei verschiedene Bedeutungen zu). (vgl. ebd., 98).

Noch konnte man daraus keine Strategie entwickeln, um Schizophrene zu heilen. Milton H. Erickson (s. Kapitel 2.2.6) versuchte zunächst, durch gezielte „Double-Binds" seine Patienten zu animieren, in bestimmten Situationen anders zu reagieren. (ebd., 100).

2.2.4 Die Begegnung mit Virgina Satir – Familientherapeutin

Spitzer kannte Virgina Satir nicht nur, weil sie ihre Werke in seinem Verlag veröffentlichte, sondern auch, weil er im Mental Research Institute (MRI) einige Jahre lang ihr Vorgesetzter war. (ebd., 31) Auf diese Einrichtung wird unter 2.2.5 im Zusammenhang mit der Palo-Alto-Gruppe noch genauer eingegangen.

Virginia Satir ist 1906 als Kind einer Großfamilie in der ländlichen Gegend im Bundesstaat Wisconsin geboren. Sie hatte ebenso wie Perls deutsche Vorfahren. Satir beschreibt ihren Vater als „einfachen, gutaussehenden, kontaktfreudigen, technisch begabten, aber wenig gebildeten Mann" (ebd., 157), der aus einer Bauern- und Handwerkerfamilie stammt. Ihre Mutter hingegen stammte aus gutbürgerlichem Haus, sie ist sehr dominant und immer auf die gute Bildung ihrer Kinder bedacht. „Die unterschiedliche Herkunft und Charakterstruktur der Eltern führte zu erheblichen

Spannungen innerhalb der Familie.“ (ebd.). Diese wurden allerdings nicht vor den Kindern ausgetragen.

Die sensible Virginia war oft krank und hatte Magenprobleme, man könnte dies psychosomatisch begründen. Virginia beschäftigte sich sehr mit der angespannten Atmosphäre zu Hause, sie wollte gern verstehen, was genau diese verursachte. Bereits im Alter von fünf Jahren beschloss sie, als „Familiendetektiv“ (ebd.) der Sache auf den Grund zu gehen.

Eine schwere Mittelohrentzündung führte dazu, dass sie bald zwei Jahre lang taub war. „Vieles spricht dafür, daß diese einschneidende Erfahrung sie unbewußt für die nonverbalen Anteile der Kommunikation in der Familie sensibilisierte.“ (ebd.).

Die Mutter bestand 1927 darauf, dass die Familie in die Stadt zieht. Dort genossen die Kinder die beste Bildung, Virginia „durchlief die High School und das College in Rekordzeit. Nach dem College arbeitete sie sechs Jahre lang als Lehrerin.“ (ebd., 158) Um möglichst viele verschiedene Erfahrungen zu sammeln, lehrte sie an fünf verschiedenen Schulen.

Sie machte es zur Gewohnheit, jeden Abend andere Eltern ihrer Schüler zu besuchen und diese darauf aufmerksam zu machen, wie wichtig die Verbindung von erfolgreichem Lernen und der familiären Atmosphäre sei.

Virginia studierte berufsbegleitend noch Sozialarbeit, öffnete ihre eigene Praxis, bekam aber durch ein mangelndes Medizinstudium nicht das Klientel, wie es den Analytikern vorbehalten war. „Folglich arbeitete sie fast ausschließlich mit obdachlosen Alkoholikern, schwergeschädigten Kindern, Schizophrenen und Klienten, die nach vielen vergeblichen Therapieversuchen von öffentlichen Einrichtungen in ihre Praxis abgeschoben wurden.“ (ebd.). Entgegen der analytischen Vorschriften bemühte sie sich, einen guten Kontakt zu ihren Klienten herzustellen. Sie hörte besonders gut zu und hob die Stärken der einzelnen Personen hervor, betonte das Positive und vermied es, das Pathologische in den Mittelpunkt zu bringen. Mit ihren Methoden war sie sehr erfolgreich und „schließlich kamen auch ‚normale‘ Klienten.“ (ebd., 159).

Ebenso wie Bateson und unabhängig davon entdeckte Satir 1951, dass neben dem Verbalen auch immer noch eine zweite Botschaft übermittelt wird, nämlich eine emotionale. Das fand sie heraus, als sie in der Therapie einer Schizophrenen deren Mutter in die Therapiesitzungen mit einbezog.

Diese drohte zuvor, nach einer halbjährigen Therapie ihrer Tochter und aufkommender „emotionale[r] Entfremdung zwischen der Tochter und ihr[, Satir; F.S.] vor Gericht zu bringen." (ebd.). Satir bemerkte allerdings sofort, dass die Mutter Hilfe brauchte, denn ihre Drohung passte nicht zu der Botschaft in ihrer Stimme.

Später zog sie den Vater des Mädchens hinzu und stellte fest, dass die Situation zwischen der Mutter und Tochter nun wieder chaotischer wurde. Den Vater in der Therapie mit einzubeziehen war damals „ungewöhnlich, da Männer damals nicht als Teil des emotionalen Lebens einer Familie betrachtet wurden." (ebd., 160).

Eines Tages fragte sie, ob es noch andere Kinder gäbe. Nach Hinzuziehen des zwei Jahre älteren Bruders wurde ihr klar, wo das Problem lag. Der Bruder wurde „von den Eltern regelrecht verehrt, während die Tochter als schlecht und verrückt galt." (ebd., 161).

Virginia Satir konnte „die Therapie der Familie zu einem erfolgreichen Abschluss bringen. Die Beziehungen zwischen den Familienmitgliedern verbesserten sich, neue Wege der Kommunikation wurden erschlossen und die junge Frau wurde gesund." (ebd.).

Walker (ebd., 162) beschreibt weiterhin, dass Satir nun immer häufiger die ganze Familie zu den Therapiesitzungen einlud und damit ebenso erfolgreich war. Nach nicht einmal zwei Jahren war sie „so bekannt, daß sie gebeten wurde, einen Ausbildungslehrgang für psychiatrische Ärzte am neu gegründeten Illinois State Psychiatric Center abzuhalten." (ebd.).

Als Satir Batesons Artikel über die „Double-Bind"-Hypothese las, war sie begeistert. „Hier waren Menschen, die sahen, was sie sah." (ebd., 163).

Walker (ebd.) schreibt von Satirs Umzug nach Palo Alto (näheres hierzu unter 2.2.5), ihrem Ausscheiden aus dem MRI 1966, um ihren „Ansatz[...] der Familienbehandlung, der ‚Conjoint Family Therapy'" (ebd., 165) auszubauen und ihrer Begegnung 1972 mit Richard Bandler, der zu diesem Zeitpunkt 22 Jahre alt war. „Dabei kam es zu einer außerordentlich fruchtbaren Kooperation. Bandler begann nun ihre Arbeit zu studieren, und entwickelte schließlich zusammen mit John Grinder eigene Modelle, in denen neben verbalen und nonverbalen Verhaltensmustern auch richtungweisende Ideen Satirs über Therapie und Kommunikation ihren Niederschlag fanden." (ebd.).

Walker (ebd., 31 ff.) schildert wie bereits bei dem Modellieren Perls, dass Bandler auch Satir nachahmte. Er durfte ihrer Arbeit in Seminaren beiwohnen, sie bald auch aufzeichnen und transkribieren. Das tat er von 1972-1974 sooft es ihm möglich war.

> „Bandler war von ihren Wahrnehmungsfähigkeiten und ihrem therapeutischen Know-how so begeistert, daß er ihre Methoden in seine eigenen Gruppen einbrachte. Auf diese Weise ergab sich, daß in diesen Gruppen sowohl mit gestalttherapeutischen Methoden als auch mit Vorgehensweisen Virginia Satirs gearbeitet wurde." (ebd., 33 f.).

Das Wissen aus den „Forschungen über [...] Perls und aus den Ausbildungskursen von [...] Satir" (ebd., 35) brachte Bandler und Grinder zum Entwickeln neuer therapeutischer Techniken und deren 1975 erstes erschienenes Buch „The Structure of Magic, Vol. 1". Das Buch befasste sich „primär mit Satirs verbalem Verhalten." (ebd., 165). Im Nachfolger (Vol. 2) ein Jahr später „standen nonverbale Muster und der therapeutische Umgang mit Inkongruenzen im Vordergrund." (ebd.). In Ko-Autorschaft mit Satir erschien ebenfalls 1976 „Changing With Families. A Book About Further Education For Being Human.", worin die bereits entwickelten Modelle gezielt auf die Familientherapie angewendet wurden.

Walker (2010, 166 ff.) beschreibt weiterhin, dass Virginia Satir sich u. a. enorm für die Rechte der Indianer einsetzte, ein nicht profitorientiertes Netzwerk namens „Avanta Network" gründete, um Menschen zusammenzuführen, die ihre Werte teilten. Im selben Jahr wurde sie krank, sie hatte einen Bauchspeicheldrüsentumor, „der bereits Metastasen entwickelt hatte, die die Leber zerstörten." (ebd., 168). Satir setzte sich in ihren letzten Lebenswochen sehr ausführlich mit dem bevorstehenden Tod auseinander, um die Angst zu überwinden. Sie starb am 10. September 1988 im Kreis ihrer engen Freunde in ihrem Haus in Palo Alto. (ebd., 169).

2.2.5 Palo-Alto-Gruppe

Walker schreibt, dass die Palo-Alto-Gruppe „in den Jahren nach der Veröffentlichung der „Double-Bind"-Hypothese" (ebd., 100) enstand, um „ihre Erkenntnisse zu präzisieren." (ebd.). Wie bereits erwähnt, hatte Satir 1957 den von Bateson, Jackson, Haley und Weakland veröffentlichten Artikel „Towards a Therory of Schizophrenia" gelesen. Nach einem Treffen mit Jules Riskin, einem Kollegen Don D. Jacksons, kam die Idee zustande, ein eigenes Institut gründen zu wollen. Das Mental Research Institute (MRI) lebte hauptsächlich von den Einnahmen aus der Ausbildungsabteilung, die Satir leitete. (ebd., 163 ff.)

> „Die Erkenntnisse der Palo-Alto-Gruppe um Bateson wurden [...] am Mental Research Institute ausgearbeitet und unter Berücksichtigung des psychotherapeutischen Kontextes systematisiert. Nun konnten explizite therapeutische Prinzipien und Strategien abgeleitet werden, die zum Ausgangspunkt mehrerer systemtheoretisch orientierter Schulen der Familientherapie wurden." (Walker 2010, 108)

„Innerhalb der familientherapeutischen Bewegung" ist die Arbeit der Palo-Alto-Gruppe, zu der neben den bereits Genannten auch Paul Watzlawick gehörte, „der einflußreichste Ansatz." (ebd., 156). Das kann man mit der umfangreichen Verwendung durch therapeutische Praktiker belegen.

Walker beschreibt nun eine mögliche Theorie, wie Bandler und Grinder zu den Konzepten der Palo-Alto-Gruppe kamen, räumt aber ein, dass es sich hier um ein Artefakt handele. (ebd., 59).

> „Sie ist zwar keineswegs falsch, doch enthält sie vermutlich nur die halbe Wahrheit. Dies ergibt sich aus einer schwerwiegenden Lücke in der Literatur: Es ist nämlich – soweit bekannt – fast nichts über den direkten Austausch überliefert, der Anfang der 70er Jahre zwischen Bateson, Bandler und Grinder stattfand." (ebd.).

Diese Feststellung Walkers bezieht sich auf folgende Theorie:

> „Bandler und Grinder entwickelten das NLP im Dunstkreis der Schule von Palo Alto. Hier wurden die Grundkonzepte der kybernetischen Kommunikationstheorie formuliert. Nur wenige Kilometer entfernt befand sich Silicon Valley, das aufstrebende Mekka der Computerindustrie. ‚Systemisches Denken' lag also gewissermaßen in der Luft. Da die Entwicklung des NLP anfangs stark an den therapeutischen Bereich gekoppelt war, liegt es nahe, den Blick auf die systemtheoretischen Konzeptionen des Mental Research Institute (MRI) in Palo Alto zu richten. Von hier bezogen Bandler und Grinder wesentliche Anregungen. Die Vorgeschichte des MRI ist wiederum eng mit der Arbeit Batesons verknüpft. Er war der geistige Mentor dieser Schule. Eine Rekonstruktion der Entstehungszusammenhänge des NLP beinhaltet daher zuallererst die Aufgabe, die Wurzeln dieses neuen Denkens aufzudecken." (ebd., 59 f.).

2.2.6 Hypnotherapeut Milton H. Erickson

Walker (ebd., 38) erklärt, dass Richard Bandler und John Grinder nach eigener Aussage Interesse an Hypnose zeigten, als sie wahrnahmen, dass das Verhalten ihrer Klienten unter Anwendung sogenannter gelenkter Phantasien sich nicht ersichtlich von dem Verhalten unterschied, „das von Menschen in mittleren und tiefen Trancezuständen berichtet wurde." Gregory Bateson war es, der Grinder und Bandler auf Erickson aufmerksam machte. Man nannte ihn den Begründer der modernen Hypnotherapie. Bateson und Erickson waren schon lange miteinander befreundet.

Desweiteren erzählte Walker (ebd., 199 ff.) Miltons Lebensweg wie folgt: Als Farmerssohn aus eher ärmlichen Verhältnissen stammend, mit norwegischen Wurzeln in Wisconsin geboren, litt Erickson in seiner Grundschulzeit unter Legasthenie, legte seinen täglichen Schulweg zu Fuß in mehr als viereinhalb Stunden zurück und wurde als geistig retardiert betrachtet, weil er unter anderem die Angewohnheit hatte, stundenlang im Wörterbuch zu lesen und dabei nicht wusste, dass es alphabetisch geordnet war und er deshalb stundenlang las, bis er fündig wurde.

Nach Abschluss der High School erkrankte er an Kinderlähmung, verfiel in ein Koma und die Ärzte äußerten nach seinem Erwachen am dritten Tag, dass er als vollständig Gelähmter (und ohne Körperwahrnehmung) lebenslang ein Pflegefall bleiben würde.

Erickson hatte nun viel Zeit, trainierte seine verbliebenen Wahrnehmungsbereiche mit der Folge, dass er „eine vollkommene Bewußtheit hinsichtlich der eigenen Muskulatur, der zugehörigen Körperempfindungen und der Natur jedes einzelnen Bewegungsvorgangs" (ebd., 201) hatte.

Erickson wurde dadurch auch klar, wie wichtig die Körperbewegungen in der Kommunikation sind, so Walker (ebd., 201 ff.) weiter. Jeder unterbewussten Bewegung sollte ein mentaler Prozess vorausgegangen sein, den man sich mit ausreichender Schulung der Wahrnehmungsfähigkeit erschließen kann.

In seinem ersten Studienjahr der Medizin und Psychologie unternahm der noch schwache Milton eine 1200 Meilen lange Kanufahrt in seinen Semesterferien und kam muskulös gestärkt wieder.

Im zweiten Studienjahr machte er seine ersten Hypnoseerfahrungen. Milton probierte sich an zahlreichen Probanden aus und erarbeitete sich verschiedenartigste Hypnosetechniken, die das Therapeuten-Dasein revolutionierten, denn er lehnte sich gegen viele Autoritäten auf, u. a. gegen Freud und dessen Feststellungen zur Hypnose.

Erickson arbeitete am Ende seines Studiums als psychologischer Gutachter in Haftanstalten und Waisenhäusern, wurde nach Abschluss der Universität an einem Forschungsprojekt in einem Krankenhaus beteiligt, indem man untersuchte, wie Therapeuten einen vertrauensvollen Kontakt zu Patienten in möglichst geringer Zeit aufbauen könnten und wurde schließlich in diesem Projekt zum leitenden Psychiater, was ihm ermöglichte, das Hypnoseverbot der Klinik zu umgehen, und intensiv in diesem Gebiet zu forschen.

Walker (ebd., 203 ff.) schreibt weiter, dass Erickson 1934 als Leiter der Abteilung für Psychiatrische Forschung an das Eloise Hospital ging. Man konnte sich diesen Ort wie eine kleine Stadt vorstellen, es waren knapp 11000 Menschen, die dort lebten. Es handelte sich dabei um ein Art Auffanglager mit circa 3000 psychotischen Menschen und 3000-5000 verarmten Leuten. Für den Forscher Milton war es das Paradies, denn hier konnte er alles menschenmögliche Verhalten erforschen. Nebenbei lehrte er als Professor. Ein Fahrradunfall im Jahre 1947 veränderte sein Leben schlagartig. Aufgrund einer fehlenden Tetanus-Impfung (er war allergisch) wurde ihm eine offene Wunde zum Verhängnis. Nach einem Jahr voller Leid und Schmerzen sowie einem Umzug nach Arizona mit der ganzen Familie, eröffnete er dort schließlich eine private Praxis. Seine jahrelange Erfahrung mit so zahlreichen Patienten war der Grund für seine außerordentlich ausgeprägte Fähigkeit der Persönlichkeitsanalyse. Er betrieb seine Praxis im eigenen Haus, da er an schweren Allergien litt. 1953 wurde nach bereits vielen Krankenhausaufenthalten eine erneute Polio entdeckt. 1957 gründete Erickson „die Amerikanische Gesellschaft für Klinische Hypnose, deren Präsident er wurde." (ebd., 206). Bereits in den 1940er Jahren entstand der Kontakt zwischen Erickson und Bateson und die 1953 aufkommende Bekanntschaft zu Haley (Palo-Alto-Gruppe) war der Anlass für Ericksons zunehmende Popularität, so Walker (ebd., 206 ff.) weiter. Haley nahm an Ericksons Hypnose-Workshop teil und war schwer beeindruckt. Er veröffentlichte ein Buch namens „Uncommon Therapy" und sorgte damit für Ericksons rasant steigende Bekanntheit. Aus gesundheitlichen Gründen musste Erickson im Jahr 1969 seine Reisetätigkeiten aufgeben und seine Praxis schließen. Von nun an unterrichtete Erickson ganze Studentengruppen zu Hause, unter den Studenten befanden sich auch Bandler und Grinder. Nach eigener Schätzung hatte Milton bis zum Ende seines Lebens mindestens 30000 Menschen hypnotisiert, er selbst wurde nie in Trance versetzt. Allerdings beherrschte er die Autohypnose, was ihm in seinen schmerzvollen letzten Jahren das Überleben sicherte.

Walker (ebd., 206 ff.) widmet Erickson in seinem ein eigenes Kapitel über dessen Persönlichkeit und schreibt unter anderem, dass Erickson geschätzt und gefürchtet wurde. Niemand wusste je, wann er sich der Hypnose bediente. Er konnte Menschen indirekt beeinflussen. Satir war zunächst auch etwas unwohl bei seiner Anwesenheit, das legte sich allerdings, als sie herausfand, dass sie sich sehr ähnlich waren bezüglich der Liebe zu Menschen. Erickson sah sich selbst mehr als „Heiler" denn als reiner Schulmediziner.

> „In der Tat war Ericksons persönliches Engagement für seine Patienten legendär. Er war Berater, Psychotherapeut, Schiedsrichter in Konfliktsituationen, Anwalt ihrer Interessen, Antreiber, Mentor, verständnisvolle Autorität oder bestrafende Vaterfigur – je nachdem, was die Individualität des Patienten und seine Problemlage erforderten." (Walker 2010, 211).

Neben dem freundschaftlichen Umgang mit seinen Patienten unterstützte er Menschen selbstlos, die von ihm lernen wollten. Wer mehr zahlen konnte, sollte dies tun, wer nicht in der Lage war, musste nicht, so Walker (ebd., 212 ff.) weiter. Sein unverwüstlicher Humor war ein weiteres Markenzeichen. Er durchbrach die Tradition in der Psychotherapie, wonach alles ernst und problemorientiert sein müsste und fand somit auch einen für sich akzeptablen Weg, mit seiner schweren Erkrankung gut leben zu können.

Er hielt in der Woche vor seinem Tod noch ein Seminar ab und starb im März 1980 in seinem Haus in Phoenix. (ebd., 208).

2.2.7 Eine Übersicht

Da die Entwicklung und die Wurzeln des NLP noch viel Material für eine weitere Arbeit hergeben, wird an dieser Stelle eine zusammenfassende Grafik eingefügt (s. S. 32).

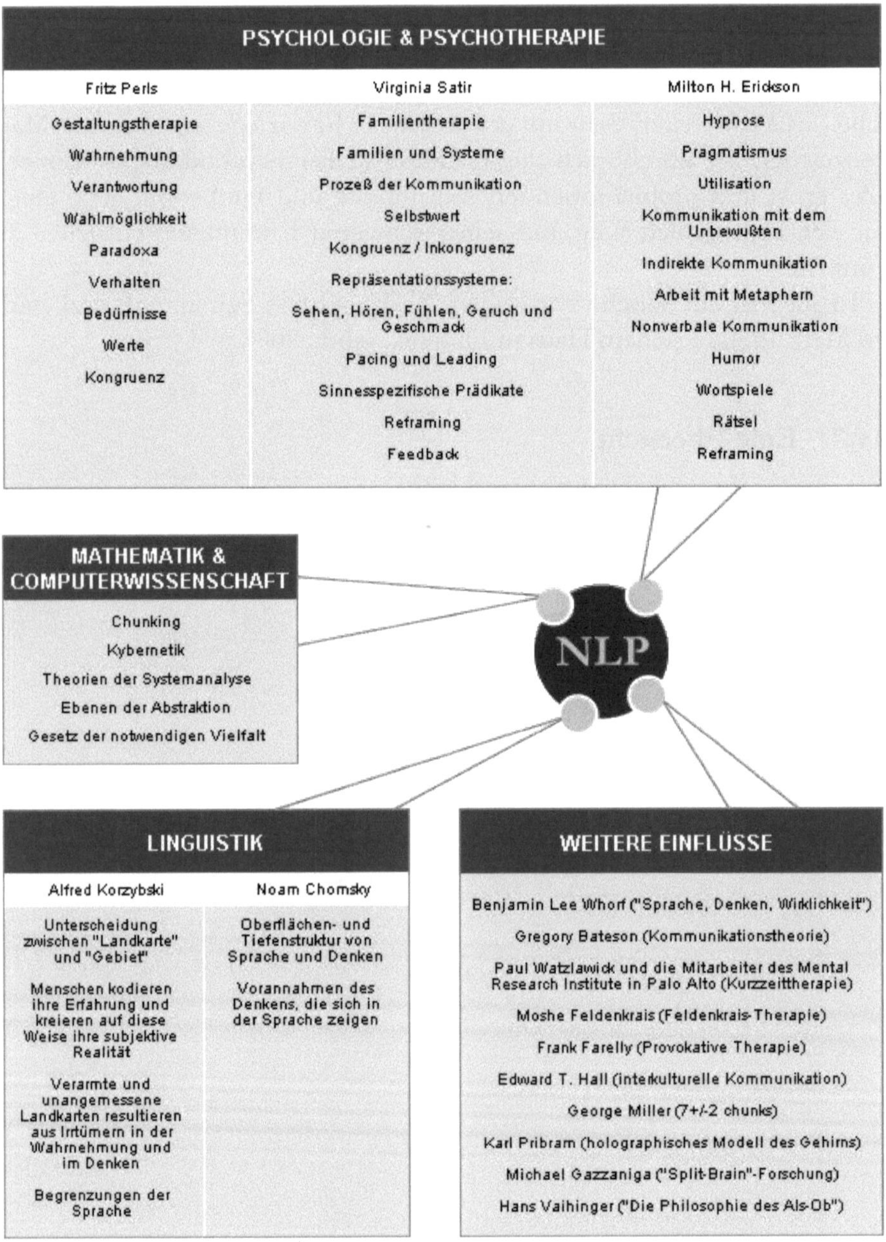

Abb.: 1 (http://www.nlpakademie.at/nlp-geschichte.htm)

3 Grundannahmen des Neurolinguistischen Programmierens

3.1 Was sind Grundannahmen?

Bestimmte Grundannahmen (oder auch Präsuppositionen, Vorannahmen) manifestieren die Glaubenssätze im Neurolinguistischen Programmieren und stellen so dessen Werte dar. Lapidar formuliert könnte man diese mit Geboten einer Religion vergleichen. Sie stellen die Voraussetzung dar, um im Sinne des NLP zu handeln und definieren „das Ziel, Menschen und Menschengruppen dabei zu helfen, ihre (Lebens-)Ziele zu erreichen." (Weerth 1994, 26). Allerdings sind die Grundannahmen nicht unumstößlich, wie zum Beispiel die Zehn Gebote, denn sie können, „wenn es nützlich erscheint, verändert werden; somit dürfen sie in dieser Form nicht als fester Bestandteil des NLP angesehen werden, sondern lediglich als bis heute […] geltendes Charakteristikum." (ebd.). Weerth (ebd.) schlägt hier als zusätzliche Grundannahme vor: „Wenn eine bestimmte Grundannahme sich nicht (mehr) als nützlich erweist, ist es an der Zeit, eine neue auszuprobieren."

Die Grundannahmen des NLP haben sich im Laufe der Jahre entwickelt. Die Auffassungen und Erfahrungen bereits vorgestellter Persönlichkeiten, der NLP-Pioniere, sind hierin mit eingeflossen. Ihre Haltungen zu Menschen – deren Kommunikation, deren Weltbild, deren psycho-physische Konstitution, deren Umwelt –, die sich durch das jahrelange Beobachten des menschlichen Agierens und Reagierens entwickelt haben, sind in diesen Grundannahmen manifestiert. (vgl. hierzu Weerth 1994, 25 ff. und DVNLP: Internetquelle 1). Dazu äußert der Deutsche Verband für Neurolinguistisches Programmieren, dass „NLP […] also nicht nur eine Sammlung wirksamer Werkzeuge, sondern vor allem eine nützliche Einstellung für unsere persönliche Weiterentwicklung" ist. (Internetquelle 1).

Sucht man nun nach den Grundannahmen, wird man schon bald feststellen, dass deren Anzahl unterschiedlich ist, wobei deren Grundaussage die gleiche bleibt. Die Anzahl variiert von sechs (Weerth), über 15 (Deutscher Verband für Neurolinguistisches Programmieren e.V., Internetquelle 1), acht nach Richard Bandler (NLPedia, Internetquelle 2) und 18 nach Grochowiak. Die eben genannten Quellen stellen nur einen Auszug dar. Bei NLPedia (Internetquelle 2), einer sehr übersichtlich gestalteten und informationsreichen Internetenzyklopädie für NLP, haben die Autoren eine Einteilung der Grundannahmen in verschiedene Bereiche vorgenommen. Sie unterscheiden hier in „Modell der Welt“, „Menschenbild“, „Verhalten“, „Lernen und Veränderung“, „Flexibilität“, „Kommunikation und Interaktion“, sowie „Anderes“. Zählt man alle hier aufgelisteten Grundannahmen, erhält man die Summe von 48 und bei einigen Grundannahmen noch die Information, wer deren Urheber ist, z. B. „Man kann nicht nicht kommunizieren.“ von Paul Watzlawick.

In der Ausbildung der Autorin zum NLP-Practitioner bezog man sich auf die 18 Grundannahmen nach Klaus Grochowiak (2007). Im nächsten Teilkapitel werden diese erläutert, denn für den folgenden Vergleich in der hier vorliegenden Bachelorarbeit bezieht sie sich auf selbige.

3.2 Grundannahmen des NLP und Erläuterung derer

Im hier vorliegenden Teilkapitel werde ich die 18 Grundannahmen nach Grochowiak (2007, 3 f.) zitieren und dazu eigene Erläuterungen machen.

1. „Kommunikation ist redundant. Man kommuniziert immer in den drei Haupt-Repräsentationssystemen gleichzeitig. (Der Anteil des Nonverbalen beträgt ca. 70 %.)“ Die drei Haupt-Repräsentationssysteme sind das Visuelle, Auditive und Kinästhetische. Man hört Gesagtes (hierunter fällt auch Tonfall), sieht bestimmte körperliche Signale (Gesten, Mimik) und hat dabei eine individuelle Empfindung beziehungsweise Emotionen und Körperempfinden. Diese Systeme funktionieren gemeinsam, Informationen nehmen wir also auf verschiedenen Ebenen auf und senden sie auch auf diesen.
2. „Die Bedeutung meiner Kommunikation ist nicht das, was ich meine, und auch nicht das, von dem ich meine, daß es der andere versteht. Sondern die (verhaltensmäßige Antwort, die ich erhalte.“ Häufig kommt es vor, dass Kommunikationspartner Sätze äußern wie: „So habe ich das aber nicht gemeint!“ Man sollte also nie davon ausgehen, dass das Gegenüber die gemachte Äußerung genau so versteht, wie man sie gemeint hat. Ebenso ist die Bedeutung nicht gleich unsere Meinung. Die Reaktion oder Antwort, die wir dann auf unsere gemachte Äußerung erhalten, ist die Bedeutung der Kommunikation, nicht unsere ursprüngliche Absicht.

3. „Widerstand ist ein Kommentar über die Inflexibilität des Kommunikators. Erfolgreiche Kommunikatoren nutzen jedes angebotene Verhalten ihres Partners." Es ist irrelevant, wie unser Gegenüber sich verhält. Es ist unsere Aufgabe bei jedem angebotenen Verhalten eine passende Reaktion zu finden. Man könnte auch sagen, dass man das Beste daraus machen soll.
4. „Es gibt keinen Ersatz für saubere, offene sensorische Kanäle." Die wohl wichtigste Grundvoraussetzung für einen erfolgreichen NLPler ist seine Beobachtungsgabe. Diese Fähigkeit kann nur dann genutzt oder ausgebaut werden, wenn alle Sinneskanäle optimal genutzt werden.
5. „Die Wahl, die ich treffe, ist immer die beste, die mir zu diesem Zeitpunkt zur Verfügung steht. Allerdings heißt das nicht, daß es nicht noch eine bessere gibt." Wenn man sich in einer bestimmten Situation entscheiden muss, ist diese getroffene Entscheidung in genau diesem Moment die richtige. Die Möglichkeit einer besseren Wahl sei jedoch gegeben. Das Leben dieser Grundannahme schließt Gefühle wie Reue aus, denn im jeweiligen Moment hat man immer das Richtige getan.
6. „Alle Menschen haben Ressourcen, um jede gewünschte Veränderung an sich vorzunehmen." Alles was wir erreichen wollen, können wir erreichen. Ist erst einmal der Wille oder Wunsch einer gewissen Veränderung vorhanden, so liegt die Möglichkeit der Umsetzung bereits in uns. Nichts ist unmöglich, wenn man es wirklich will. „Ich kann nicht" existiert im NLP nicht.
7. „Individuen haben zwei Ebenen der Kommunikation: die bewußte und die unbewußte." Unser Bewusstsein und unser Unterbewusstsein bilden eine Einheit. Dabei nimmt das Unterbewusstsein den größeren Teil (zwischen 91 und 99 %) ein. Man kann also sagen, es gibt zum einen das, was wir kommunizieren wollen und zum anderen das, was wir tatsächlich kommunizieren. Denn es ist nicht selten der Fall, dass man etwas sagt, aber mit jedem anderen Faktor als dem reinen Wortlaut etwas anderes ausdrückt. So könnten die Stimme, die Haltung, der Atem, der Gesichtsausdruck usw. etwas ganz anderes bedeuten als die gesagten Worte.

8. „Der positive Wert jedes Individuums ist konstant, hingegen kann der Wert und die Angemessenheit des internen und externen Verhaltens Gegenstand der Veränderung sein. Menschen arbeiten perfekt, niemand ist kaputt oder funktioniert nicht richtig. Wenn wir mit einem unserer Verhaltensmuster nicht zufrieden sind, geht es darum, herauszufinden, wie es funktioniert, um es so zu verändern, daß es nützlich oder angenehm ist." Man kann demzufolge einiges unternehmen, um sich besser zu fühlen. Es gilt dem Inneren Aufmerksamkeit zu schenken und zu verstehen, was man tun kann, um sein Verhalten zu ä#ndern. Dabei gibt es nichts, was es nicht gibt. Es gibt kein krank und gesund, schlecht und gut.
9. „Für jedes Verhalten gibt es einen Kontext, in dem es nützlich und sinnvoll ist. Neukontextualisierung des Verhaltens ist eine der wichtigsten NLP-Interventionen." Mit dieser Grundannahme kann man alles menschenmögliche Verhalten tolerieren. In einer ganz bestimmten Situation, an einem Ort und zu einer Zeit, wird das Verhalten genau das richtige sein. Für die ausführende Person mit den jeweiligen Empfindungen wird es der passende Moment gewesen sein. Anders herum betrachtet: Kann sich eine Person mit einem Kontext und ihrem Handeln darin nicht anfreunden, kann man den Kontext verändern, man schafft einen neuen Rahmen (Reframing) und ermöglicht es der Person somit, sich wohl zu fühlen.
10. „Eine Wahl zu haben ist besser, als keine Wahl zu haben, oder: je größer die Auswahl, desto besser." Hier gilt es noch anzumerken, dass man im NLP immer mindestens drei Alternativen hat. Hätte man die Wahl zwischen zwei Wegen, befände man sich in einem Dilemma. Deshalb gibt es immer noch mindestens eine weitere Lösung.
11. „Die Intention allen Verhaltens ist positiv." Beachte man diese Grundannahme, so würden Empfindungen wie Misstrauen aus unserem Leben verschwinden. Bezieht man diese auf eine einzelne Person und ihr Verhalten, so geht man davon aus, dass für diese Person, das gewählte Verhalten mit einer positiven Absicht verbunden ist. Man geht im NLP davon aus, dass eine Persönlichkeit immer aus verschiedenen Persönlichkeitsteilen besteht, die mit dem jeweiligen angestrebten Verhalte immer eine positive Absicht verbinden.
12. „Die Landkarte ist nicht das Territorium. Menschen reagieren auf ihre „Karte der Realität", nicht auf die Realität selbst. NLP ist die

Wissenschaft von der Veränderung dieser Landkarten." Jeder Mensch nimmt die Welt anders wahr, jeder hat eine andere Realität. Oftmals fehlt den Menschen die Vorstellungskraft, ihre Welt anders zu sehen oder die Möglichkeit, eine andere Sicht überhaupt in Erwägung zu ziehen. Hierfür bietet NLP die nötigen Techniken, um die Sicht zu ändern oder eben die eigene Realität zu erweitern. Jeder lebt in seiner eigenen Welt.

13. „Es gibt keine Fehler in der Kommunikation, nur Resultate bzw. Feedback." Man kann nicht falsch kommunizieren, man muss sich nur mit dem Ergebnis der Kommunikation arrangieren.
14. „Alle Unterschiede, die Menschen hinsichtlich ihrer internen und externen Umgebung sowie ihres Verhaltens machen können, können sinnvoll im visuellen, auditiven, kinästhetischen, gustatorischen und olfaktorischen System repräsentiert werden." Mit den verschiedenen Sinnen ist es uns möglich, jedes Modell einer Welt darzustellen. Man kann schildern, wie die eigene Welt aussieht bzw. was wir wahrnehmen, wenn wir uns in verschiedenen Situationen mit einem bestimmten Verhalten ausdrücken.
15. „Die Person mit der größten Verhaltensvariabilität kontrolliert die Situation." Je besser man sich an die gegebenen Bedingungen einer Situation anpassen kann, umso sicherer ist, dass man die Situation im Griff hat. Man kann also am Ruder bleiben, auch wenn der Wellengang stark ist. In dieser Lage, muss man mehr Kraft aufwenden.
16. „Rapport bedeutet, dem anderen im Modell seiner Welt zu begegnen." Um mit einem Kommunikationspartner eine gute Beziehung aufzubauen, muss man sich auf sein Weltmodell einlassen. Hierfür bedarf es einer guten Beobachtung, Toleranz, Einfühlungsvermögen, Neugier und Flexibilität.
17. „Wenn jemand etwas tun kann, ist es möglich, sein Verhalten zu modellieren und es jemand anderem zu lehren." Wie wir über die Entstehung des NLP (im zweiten Kapitel) lernten, ist es möglich, jedes Verhalten zu analysieren und in ein erlernbares Modell zu verpacken.
18. „Chunking – alles kann von jedem erreicht werden, wenn die Aufgabe in Stücke geteilt wird, die klein genug sind. ‚Wie ißt man einen Elefanten? Ein Häppchen nach dem Anderen!'" Schritt für Schritt, mit der nötigen Geduld und Ausdauer, ist alles möglich. Man steckt sich Ziele und arrangiert Teilziele, um diese zu erreichen.

4 Rhetorische Grundannahmen aus der Antike

„So klar die Aufgabenstellung der Rhetorik mit der Thematisierung der Redekunst umrissen zu sein scheint: der Blick in die Geschichte zeigt alles andere als ein einheitliches Bild." (Göttert 2009, 19). Mit dieser Äußerung steigt Göttert in sein Kapitel „Grundbegriffe der Rhetorik" ein. Er umreißt die verschiedenen Auffassungen der großen Rhetoren und Persönlichkeiten der Antike (im Verlauf auch bis in die Neuzeit) und zeigt die verschiedenen Auffassungen von Platon, Aristoteles, Cicero, Quintilian u. a. auf.

Im vierten Kapitel wird zusammenfassend dargestellt, wie sich die Rhetorik in der Antike entwickelt hat und hierzu wird der „Grundriss der Rhetorik" von Ueding und Steinbrink, die „Einführung in die Rhetorik" von Göttert und die „Einführung in die Antike Rhetorik und ihre Geschichte" von Eisenhut zu Rate gezogen.

Im zweiten Teilkapitel sollen gegliedert nach den logischen Ebenen von Dilts die (An-) Forderungen der Rhetorik in der Antike vorgestellt werden: Was mussten Redner können? Was erwartete man vom Publikum? Was für ein Bild ergab der Rhetor u. a. in den Augen des Aristoteles?

4.1 Die Begründung der Rhetorik in der Antike

Sizilianische und Griechische Rhetorik

Ueding und Steinbrink (1994, 11 ff.) erklären, dass laut Überlieferung die Geschichte der Rhetorik im 5. Jahrhundert vor Christus in Sizilien beginnt, und zwar mit den Herren Korax und Teisias, die sich erstmals auch theoretisch mit der überzeugenden Rede befassten. Ausschlaggebender Punkt war, dass Sizilien befreit wurde und es zu einer Vielzahl von Gerichtsprozessen kam, es gab quasi Bedarf an Gerichtsreden.

„Ähnliche Bedingungen wie in Sizilien waren auch in Athen, einem Ort, an dem die Beredsamkeit durch die Sophistik zu besonderer Bedeutung gelangte, im 5. Jhd. v. Chr. gegeben." (ebd.). Nach dem Sturz der Tyrannis wurden viele Menschen an den neu gegründeten Institutionen beteiligt. Die neu entstandenen Volksgerichte forderten, vor 1.500 Menschen zu sprechen, jeden Fall in nur einer geschlossenen Rede vorzutragen, dass die Prozessparteien ihr Anliegen persönlich vortragen. Somit wurde es unumgänglich für die Bürger, ihre Rede gut auszuarbeiten. „Aus der Situation heraus, daß nun ein Kundiger mit der Ausarbeitung der Rede beauftragt wurde, entwickelte sich der Berufsstand der Logographen." (ebd., 12). Dieser Beruf war in Athen sehr weit verbreitet und z. B. Isokrates, ein Schüler des Gorgias übte diesen aus. Die Gerichtsschreiber lebten nun bald davon, herauszufinden und zu systematisieren, was genau „die Mittel der überzeugenden Rede" (ebd.) waren und leisteten so einen nicht gerade geringen Beitrag an der Entwicklung der Redekunst.

Die Erkenntnisse zur Zeit des Sokrates waren u. a., dass man bestimmte Dinge durch Worte Hervorheben konnte und große Dinge bei Bedarf auch weniger wichtig erscheinen lassen konnte. Was jedoch noch lange nicht der Fall war, dass die Theorie auch so niedergeschrieben wurde. „Vielmehr waren die theoretischen Anweisungen wahrscheinlich immer mit einer Musterrede verknüpft." (ebd., 13).

Sophistik und Rhetorik

Im 4. Und 5. Jahrhundert vor Christus war einer der bekanntesten Rhetoren Gorgias von Leontini. Er stammte „aus den Kreisen der Schule des Korax und Teisias" (ebd.), unterrichtete und beeindruckte viele Athener. Er gehörte u. a. neben Protagoras zum sogenannten Kreis der Sophisten, so Göttert (2009, 75 f.). Diese sogenannten Weisheitslehrer (Sophisten) propagierten „einen pragmatischen Vernunftgebrauch auf der Grundlage eines (Selber)könnens mit individualistisch-skeptizistischen Zügen."

Göttert erklärt weiter, dass es Platon war, der die Sophisten in ein schlechtes Licht rückte. Eisenhut (1974, 15 f.) stellt die Sophistik als „wirkungsmächtige[...] geistige[...] Bewegung des 5. Jahrhunderts" vor. Er erklärt, dass die Sophisten v.a. unter ihrem Gegner Platon zu leiden hatten, und zu ihrem Nachteil heute zwar Platons aber nicht ihre eigenen Schriften überliefert sind.

> „Sophistik und Rhetorik gehörten damals aufs engste zusammen. Beide förderten die allgemeine Bildung, besonders die Jugendbildung, beide wollten nicht zweckfreie Forschung treiben, obwohl sie natürlich die theoretischen Grundlagen ihres Könnens untersuchten, beide drängten Naturwissenschaft und Metaphysik zugunsten der Ethik zurück, bzw. ließen sie nur insoweit zu, als sie sich auf den Menschen beziehen ließen. [...] Das Ziel der Sophisten war umfassend. Sie wollten die ganze Persönlichkeit bilden.

Die Bezeichnung […] ‚einer der kundig ist' […] weist darauf hin. Die Ausbildung in der Beredsamkeit ist dann nur ein Teil davon." (ebd., 16).

Ueding und Steinbrink (1994, 16) erklären weiter, dass die Sophisten ihre Kunst als Streitkunst bezeichneten. Diese ist nach Gorgias „eine Waffe, sie wird benutzt, um auf Menschen zu wirken, sie zu beherrschen." (ebd.). Er erkennt bereits, dass man diese Kunst zu guten als auch zu schlechten Zwecken nutzen kann und plädiert für eine gerechte Nutzung, wobei „gerecht" und „ungerecht" noch undefiniert bleiben.

> „Die Sophisten erwarben sich besondere Verdienste um die logische Durchdringung der Argumentation. Sie nannten dies Dialektik: Das Wort bezeugt Sinn und Absicht dieser Übung […] ‚sich unterreden'. Die Verstärkung, zunächst wohl eher als Schmähwort denn als wirkliche Kennzeichnung gebraucht, ist Eristik […] ‚streiten'. Die gerade für den Unterricht in Griechenland spezifische Form war das Unterreden, d.h. die Frageform. Das gilt auch für die schwierigsten Probleme der Philosophie, Mathematik usw. Der Vorteil dieses Verfahrens liegt darin, daß die reine, nur dem Verfasser verstehbare Abstraktion ausgeschaltet wird, denn der Schüler soll ja durch geeignete Fragen selbst auf die richtige Antwort kommen. Daher sind die griechischen Lehrschriften großenteils in Dialogform geschrieben. Es liegt auf der Hand, daß dadurch die Übung im Reden und Argumentation sehr gefördert wurde. Daher muß mit Fug und Recht Protagoras in einer Darstelllung der Rhetorik wie Gorgias in einer der Sophistik erscheinen." (Eisenhut 1974, 16).

Göttert (2009, 76) schildert, dass Protagoras das Wahrscheinliche über das Wahre stellte. Das hatte zur Folge, dass Platon mit seiner rationalen „Gewinnung und Rechtfertigung des Wissens auf der Grundlage seiner Ideenlehre" (ebd.) zu Protagoras Auffassung im Widerspruch stand. Den Sophisten warf Platon nun vor, dass ihnen mehr daran liegt, die Menschen zu überreden, als durch Wahres zu überzeugen. „Die Rhetorik verfüge nicht nur über kein Wissen, sondern sie führe geradezu vom Wissen weg. Statt einer Kunst sei sie bloße Schmeichelei […]." (ebd., 76 f.) Später setzte sich Platon wieder mit den Sophisten auseinander, nimmt eine völlig andere Position ein und bezieht sich hier auf Isokrates, der „die kulturstiftende Rolle der Sprache, ihre integrierende, ja pazifizierende Wirkung im menschlichen Zusammenleben" thematisierte. Göttert (ebd., 78) schildert weiter, dass trotz des guten Eindrucks, den Isokrates auf Platon machte, er weiterhin auf die Wichtigkeit der Wahrheit pochte. „Aber die Notwendigkeit der Seelenlenkung, die Tatsache, dass die Wahrheit der Vermittlung bedarf, ist nun anerkannt." (ebd.).

Aristoteles

Bei Göttert (ebd.) lesen wir weiter, dass Aristoteles schließlich ‚Wissenschaft' und ‚Kunst' in einem angemessenen Verhältnis zusammenführte. Aristoteles steht den Sophisten kaum weniger feindlich gegenüber als sein Lehrer Platon, dennoch untersuchte er eine Lösung, Fragen zu klären, die mit platonischen Dialogen nicht erreicht werden konnten.

> „Allerdings löst Aristoteles die Spannung zwischen sophistischem und philosophischem Ansatz auch dadurch auf, dass er aus der üblichen Fragestellung heraustritt. Sowohl gegen ein rein technisch-pragmatisches Verständnis der Redekunst wie gegen die zähe Verteidigung eines absoluten Wissensanspruchs gewandt, stellte er die Frage nach dem Vermögen, hinsichtlich jeder (lösbaren) Frage das ‚Glaubenerweckende' zu erkennen. Damit geht es also nicht um eine sophistische Kunst des Überzeugens, sondern eher um eine (wissenschaftliche) Theorie dessen, was bei der Anwendung solcher Kunst geschieht." (ebd.).

Aristoteles (1999, 7) sagt: „Die Rhetorik ist ein Gegenstück zur Dialektik. Denn beide behandeln solche Themen, deren Erkenntnis gewissermaßen allen Wissenschaftsgebieten zuzuordnen ist und keinem bestimmten." Im zweiten Kapitel seiner „Rhetorik" fasst er vorangehende Erörterungen wie folgt zusammen: „Die Rhetorik sei also als die Fähigkeit definiert, das Überzeugende, das jeder Sache innewohnt, zu erkennen." (ebd., 11).

Göttert (2009, 80 ff.) fasst Aristoteles Werk, was wir in seiner „Rhetorik" nachlesen können, weiterhin so zusammen: Aristoteles unterscheidet drei Redearten, die bis heute auch noch so aufgeteilt sind, und zwar die Beratungsrede (politische Rede), Lobrede und Gerichtsrede. Er beschreibt artifizielle (Kunst des Redners, Charakter, Intention der Rede u. a.) und inartifizielle (Gesetze, Zeugen, Verträge etc.) Überzeugungsmittel, spricht über die Affekte (Gemütsverfassung der Zuhörer) und die logischen Verfahren. Schließlich leistet Aristoteles auch noch einen wichtigen Beitrag zur Stilistik der Rede. Große Wichtigkeit legte er der Metapher bei. Für Aristoteles ist die Glaubwürdigkeit und Überzeugungskraft wichtiger als das Durchbringen der reinen Wahrheit, wie es Platon als unumstößlich erachtete. In Ueding und Steinbrink (1994, 24) wird Aristoteles Wahrheitsauffassung wie folgt dargestellt:

> „Aristoteles interpretiert die Realität als offenen, noch nicht abgeschlossenen Prozeß, in der der Stoff, der dem Ding das Vermögen gibt, etwas noch nicht Seiendes zu werden, Möglichkeiten enthält, die nicht zu jeder Zeit in beliebigen Formen Bestimmtheiten annehmen können, sondern Produkte eines geordneten Prozesses sind; das chaotische, unbestimmte Verändern der Dinge, der <Sinneswelt>, das Platon konstatierte, wird als prozessuales, geordnetes Verändern begriffen."

Rhetorik und Philosophie

Göttert (2009, 90 ff.) erklärt den ewigen Streit zwischen Rhetorik und Philosophie. Dieser war zur Zeit Aristoteles (im 4. Jahrhundert v. Chr.) entstanden. Aristoteles legte stets Wert darauf, die Rhetorik mit der Philosophie zu verbinden, doch damit war er mehr oder weniger allein.

> „Die sophistische Tradition der Rhetorik, die ihr Fach vermarktete und sich dabei ganz und gar auf die praktische Vermittlung von Fertigkeiten verlegte, lässt sich in einem Lehrbuch studieren, das noch in unserm Jahrhundert Aristoteles selbst zugeschrieben wurde, aber nur in dessen Zeit fällt: Die Rhetorik an Alexander." (ebd.).

Dieses Buch ist ein reines Nachschlagewerk mit sehr oberflächlicher Problembehandlung und zieht damit die Verachtung der Philosophen aufgrund reiner „Instrumentalisierung der Redekunst, die dann auch durch moralischen Appell nicht kompensiert werden kann" (ebd., 91), auf sich.

Des Weiteren wurde der Streit „innerhalb der verschiedenen philosophischen Schulen selbst ausgetragen." (ebd.). In Platons Akademie, die dank seiner eigenen Vorgaben als rhetorikfeindlich eingestuft werden muss, kam es zu einer Wende, als die Schule ein skeptisches Konzept entwickelte. Platons Wille, jegliches Wissen zu erfassen, wurde durch „die rhetorische ‚Philosophie' des Wahrscheinlichen bzw. Vorläufigen ihre Bedeutung entfalten" (ebd.) verdrängt. Cicero äußerte, am meisten von dieser skeptischen Schule gelernt zu haben. Zwei weitere entstandene Schulen waren die Stoa und der Epikureismus. Die Rhetorik hatte kaum eine Chance, da der Epikureismus einen rigorosen Wahrheitsanspruch hatte. Die Stoa fand Gefallen an Platons Dialektik, auf Umwegen auch an der Rhetorik und zwar in dem Maße, dass man eine Sprachentstehungstheorie entwickelte. Man untersuchte hierfür die Grammatik und Logik sowie den Redeschmuck. Doch auch in der Stoa wurde die Rhetorik nicht als ehrenhaft angesehen. „Cicero nannte sie buchstäblich eine Lehre zum Abgewöhnen. Alles was mit großer Wirkung aufgrund von Affekten (die die Stoiker bekämpften) zu tun hatte, wurde als Abweg von der Wahrheit diskreditiert, war wie für Platon Schmeichelkunst." (ebd., 92).

Rhetorik in Rom – Cicero

Göttert (2009, 92 ff.) weiter: Rom war im zweiten Jahrhundert vor Christus stark von den Stoikern beeinflusst, die ‚Rhetorik' war griechisch, und damit automatisch suspekt. Viele Rhetorikschulen ("Schulen der Unverschämtheit") wurden geschlossen.

Nachdem sich Cicero gründlich mit Aristoteles und Isokrates Lehren auseinander gesetzt hatte, brachte dieser den Durchbruch der Rhetorik. Von philosophischer Warte aus gab es jedoch immer noch Einwände.

„Zwischen der Rhetorik des Aristoteles und Ciceros Von der Erfindungskunst, also zwischen dem vierten und dem ersten Jahrhundert v. Chr. ist kein rhetorisches Werk (vollständig) überliefert." (ebd., 96). In dieser Zeit wurde vielmehr die Schulrhetorik vorangetrieben. „Dabei handelt es sich um praxisorientierte Anleitungen zur Redekunst, die insbesondere auf die Bedürfnisse des Rechtslebens zugeschnitten waren." (ebd.).

Erst Ende des zweiten Jahrhunderts wurde die Rhetorik in Rom wichtig. Die erste Rhetorik-Blüte fand in Griechenland in einem kleinen Stadt-Staat statt, während Rom das Zentrum eines riesigen Imperiums war „mit krisenreicher Entwicklung und ständig wechselnden politischen Lagern." (ebd.). In Rom musste man reden können, um sich politisch zu behaupten und die Masse zu lenken. Es ging nicht nur darum, unterschiedliche Meinungen auszutauschen.

„Cicero, der in der Endphase der Republik lebte“ genoss „die typisch römische Ausbildung mit grammatischer Elementarschule und erster Praxis im Gefolge des ebenso gebildeten wie politisch aktiven Crassus.“ (ebd., 96 f.) Eine weitere Ausbildung in Philosophie und Einführung in die Schulrhetorik brachten Cicero schließlich dazu, sein erstes Werk zu veröffentlichen. In den Schriften Ciceros wird ersichtlich, dass der Redeschmuck weniger wichtig war. Stattdessen war das Beherrschen der Memoriertechnik von großer Bedeutung. „Aktualität, Umsetzbarkeit und ausdrücklich Vermeidung von Unverständlichkeit gehören zu diesem Konzept einer Rhetorik, das sich ausschließlich an praktischen Bedürfnissen orientiert.“ (ebd., 98).

Auf Ciceros Forderungen an den perfekten Redner wird im nächsten Teilkapitel eingegangen.

Quintilian

> „In der Kaiserzeit mußte sich die Rhetorik in die Schule zurückziehen. Quintilian, geboren um 30 n. Chr. […], der erste staatlich besoldete Professor der Beredsamkeit […] ist Cicero-Anhänger und – Verehrer. Aber die Fortentwicklung konnte er nicht aufhalten […] Den Niedergang der Beredsamkeit hatte er […] zu analysieren versucht […] Schuld an dem Niedergang sind die Deklamationen der Rhetorenschulen mit ihren sinnlosen Themen und ihrem gekünstelten, kraftlosen Stil, kurz ihrer Abkehr von Cicero.“ (Eisenhut 1974, 66 f.)

Ueding und Steinbrink (1994, 41) sagen, dass Quintilian als erster pädagogische Aspekte in seine Lehren einführte. Er hielt es für wichtig, dass vom Kindes- bis ins Erwachsenenalter die Entwicklung eines „idealen Redners“ gefördert würde.

4.2 Anforderungen an Rhetoren

Wie bereits einleitend im vierten Kapitel erwähnt, werden die Anforderungen an die Rhetoren nach den logischen Ebenen Dilts eingeordnet. „Dilts hat im Rahmen seiner NLP-Forschungen ‚fünf logische Ebenen der Veränderung'" (Strikker 1994, 49 ff.) veröffentlicht. Die fünfte Ebene, die der Identität, und die später hinzukommende sechste Ebene, die der Zugehörigkeit, werden hierfür nicht in Betracht gezogen.

4.2.1. Zur Umwelt

Jedes Ereignis findet in einer bestimmten Umwelt statt, zu einer bestimmten Zeit und an einem bestimmten Ort. In dieser Ebene befinden sich alle äußeren Bedingungen, die auf eine Person einwirken können. Was wurde also in der Antike von der Umwelt eines Redners erwartet oder welche Wechselbeziehungen wurden beschrieben? Aristoteles (1999, 7) beschreibt, dass man den Richter nicht verwirren soll, „indem man ihn zu Zorn, Neid oder Mitleid reizt. Das wäre ja geradewegs so, wie wenn man den Richtstab, den man verwenden wollte, krümmte." Desweiteren sagt er, dass die reinen Überzeugungsmittel reichen würden, aber man immer den Gemütszustand des Publikums beachten soll, die Affekte sozusagen auch wichtig seien. Fuhrmann (1990, 117) sagt: „Der Redner solle sich bemühen, einen Sachverhalt klar darzustellen, eine Sache veranschaulichen, indem er sie verbildlicht und der Zuschauer sie vor seinem eigenen Auge sieht."

Von positiver Beeinflussung bis zur totalen Lenkung des Publikums sind alle Auffassungen vertreten. Allen antiken Meinungen gleich ist, dass der Redner sich an die jeweilige Redesituation anpassen muss.

4.2.2 Zum Verhalten

Diese Ebene beschreibt alle Aktionen und Reaktionen, die die Umwelt von einem Menschen wahrnehmen kann. Es umfasst seine Gesten, die Haltung, Worte, Stimmwahl usw. Was wird getan? Zum Teil wurde unter 4.2.1 schon genannt, wie sich ein Redner zu verhalten hat. Er soll nicht reizen, den Sachverhalt klar darstellen und das Publikum positiv bis intensiv beeinflussen. Fuhrmann (ebd., 80) nach Quintilian: „Man wisse mit seinem Atem hauszuhalten, man vermeide alles Sich-Räuspern und Husten, man sei auf der Hut vor affektiertem Singsang. Und schließlich: man passe sich durch innere Anteilnahme an die Stimmung an, welche die jeweils vorgetragene Partie erfordert, um zu wirken und zu überzeugen."

> „Als Wegbereiter für die situationsbezogene Angemessenheit kann das Kapitel 3,7 der aristotelischen »Rhetorik« gelten: unsere Diktion ist angemessen, wenn sie die passenden Affekte und den passenden Charakter ausdrückt und überdies dem behandelten Gegenstand entspricht: Diese Dreiheit läßt sich auf zwei Prinzipien zurückführen: die Diktion hängt vom Stoff ab, wozu u. a. gehört, daß sie die je sachgemäße affektische Färbung enthält (man soll zornig reden, wenn es um übermütige Behandlung geht, entrüstet und angewidert, wenn um Gottlosigkeit oder Schändlichkeit usw.); die Diktion muß außerdem auf die Person des Redners zugeschnitten sein." (Fuhrmann 1990,120)

Sokrates sagt in Platons Werk „Phaidros" (deutsch: „Vom Schönen", Internetquelle 3, 261 a, Seite 50), dass „die Rhetorik […]'eine Kunst der Seelenführung durch Worte'" ist. Wohingegen Aristoteles zusätzliches Potential in Mimik, Stimme und Sinneseindruck sieht.

> „Dem Redner steht also ein ganzes Arsenal expressiver Mittel zur Verfügung, wenn er seinen Körper und auch seine Kleidung geschickt einzusetzen versteht." (Vickers 2008, 91 - nach Aristoteles).

Als letzte Fähigkeit, die anzuführen ist, stellt Fuhrmanns (1990, 79) Qunitilians Auffassung dar, dass der antike Redner frei sprechen sollte, ein gewisses Gedächtnistraining eine Grundvoraussetzung für den erfolgreichen Redner war.

4.2.3 Zu den Fähigkeiten

Fähigkeiten einer Person umfassen das Denken und Fühlen, um bestimmtes Verhalten an den Tag zu legen. Diese Ebene schließt auch das Bewusstsein über diese Prozesse ein. Wie funktioniert eine Person?

Cicero (2004, 65) betonte, dass „zu überzeugen [...] eine Sache der Notwendigkeit, Gefallen zu finden eine Frage der Liebenswürdigkeit, Eindruck zu machen eine Voraussetzung des Sieges [...]" sei. Dabei, so Cicero, gibt es

> „so viele Stilarten, wie es Aufgaben des Redners gibt: den schlichten, wenn es darauf ankommt, zu überzeugen; den gemäßigten, wenn man Gefallen finden will; den leidenschaftlichen, wenn es darum geht, erschütternden Eindruck zu machen. In diesem einen liegt die gesamte Wirkungsmöglichkeit des Redners." (ebd.)

Der beste Redner wird also der sein, der diese Stile umsetzen und passend einsetzen kann. Er muss sich in die Situation hinein fühlen und dann das richtige Maß wählen. „Aber die Redekunst hat wie die anderen Fähigkeiten ihre Grundlage in der Weisheit. Denn wie im Leben so gibt es auch in der Rede nichts Schwierigeres, als zu sehen, was angemessen ist." (ebd., 65 ff.) Die Wirkung eines Redner zeigt sich vor allem darin, „daß er das Herz der Menschen sowohl zum Zorn, Haß oder Schmerz antreiben" kann und „das gesamte Wesen der menschlichen Natur sowie die Gründe, die Stimmungen erzeugen und in eine andere Richtung lenken, gründlich kennt." (Cicero 1997, 73)

„Die Rhetorik sei also als Fähigkeit definiert, das Überzeugende, das jeder Sache innewohnt, zu erkennen." (Aristoteles 1999, 11) Ebenso soll der Rhetoriker „über alles Bescheid wissen, worüber er beraten muss. Dazu gehören politische und finanzwirtschaftliche Bildung, ebenso fremde Erfahrungen, das heißt, die Erkenntnisse anderer Personen sollte man stets mit einbeziehen." (ebd., 22 f.) Aristoteles hält es auch für nötig, nicht nur die eigenen Fakten zu kennen, sondern auch die der Gegner beziehungsweise der anderen Parteien. Eine einseitige Betrachtung sollte es nicht geben. Man muss Stärken und Schwächen betrachten, alles genau ansehen, gut beobachten und im Auge behalten.

4.2.4 Zu den Glaubenssätzen und Werten

Diese Ebene beschäftigt sich mit den inneren Kriterien, die dem menschlichen Verhalten (bewusst und unbewusst) zugrunde liegen. Wofür macht man bestimmte Dinge? Was ist wichtig?

Schon die Anfänge der Rhetorik, durch Korax und Teisias begründet, zeigen auf, was von der Wahrheit erwartet wurde: „Hierauf muss man [...] achten, wenn man die blanke Wahrheit sagt: das Wahre, das unwahrscheinlich ist, klingt unglaubwürdig." (Fuhrmann 1990, 88). Bereits diese Äußerung zeigt, woran man glaubte: An die Wahrheit oder eben das Wahrscheinliche.

Als weiteren Antrieb und somit Glaubenssatz nannte später Aristoteles: „Nahezu jedem liegt privat und öffentlich ein Ziel vor Augen, welches zu erreichen sein Streben und Meiden bestimmt. Das sind hauptsächlich die Glückseligkeit und ihre Bestandteile." (Aristoteles 1999, 24)

Ein großer Wert in der Rhetorik war der der Sophisten: „Das Ziel der Sophisten war umfassend. Sie wollten die ganze Persönlichkeit bilden. […] Ausbildung in der Beredsamkeit ist dann nur ein Teil davon." (Eisenhut 1974, 16)

Fuhrmann (1990, 25 f.) schildert Isokrates Forderungen, seine Werte an die Rhetorik – in diesem Kontext Philosophie genannt – welche etwas detaillierter ausfallen:

> „Isokrates hingegen hat unter seiner Philosophie etwas eminent praktisches verstanden: eine Hinführung zu erfolgreichen Handeln, zu erfolgreicher Meisterung des Lebens. Er ging wie schon sein Lehrer Gorgias, von der Annahme aus, dass es dem Menschen versagt sei, sein Handeln aus wissenschaftlich fundierten, unfehlbaren Erkenntnissen abzuleiten; er müsse sich daher nach Meinungen richten, nach Erfahrungssätzen oder Wahrscheinlichkeitsregeln, die es ihm gestatteten, in möglichst vielen Fällen das Richtige zu treffen. Ziel des auf Meinungen sich gründenden treffsicheren Handelns ist der eigene Vorteil des Handelnden. Diese Maximen hatten im Munde des Isokrates nicht den Sinn, dass jedermann ohne sittliche Skrupel einzig und allein auf seinen Vorteil bedacht sein solle; sie beruhten vielmehr auf der Über-

> zeugung, dass Nutzen und sittlicher Wert identisch seien, dass, wer nach dem wahren Nutzen strebe, immer zugleich auch das Gute verwirkliche. Isokrates hielt sich daher für berechtigt, das im Sinne seiner Philosophie betriebene Studium der Rhetorik als Einübung in eine sittlichen Prinzipien gehorchende Lebenspraxis hinzustellen. Wer (so meinte er), von Ehrgeiz getrieben, Lob und Ansehen erringen wolle, der werde, wenn er seinen Vorteil richtig verfolge, auf Reden bedacht sein, die großzügige von anständiger Besinnung zeugende, dem Gemeinwohl dienende Handlungen zum Gegenstand haben. Das Verfassen derartiger Reden wiederum färbe auf den Charakter des Verfassers ab, und das zunächst einmalige werde allmählich zur Gewohnheit - so bringe das Bemühen um gutes Reden eine gute, vernünftige Einstellung hervor."

Viel moralischer waren die Werte der Rhetorik bei den Römern. Sie „verlangen vom Redner mehr oder minder ausdrücklich gewisse moralische Qualifikationen, womit sie ihm zugleich Beschränkungen in der Wahl seiner Mittel auferlegen." (Fuhrmann 1990, 13) Somit war „eine hemmungslos demagogische Meinungsmache von wahrer Beredsamkeit ausgeschlossen." Fuhrmann fährt fort, dass „die Stoiker lehrten, die Rhetorik sei 'die Wissenschaft, gut zu reden', wobei sie mit ›gut‹ nicht nur auf einen ästhetischen und intellektuellen, sondern auch auf einen moralischen Maßstab zielten."

Im nächsten Kapitel wird das hier Dargestellte ausgedehnt und mit den Voraannahmen des Neurolinguistischen Programmierens verbunden.

5 Grundannahmen des Neurolinguistischen Programmierens im Vergleich zu antiken rhetorischen Grundannahmen

Ausgehend von den vorangegangenen Kapiteln, soll nun untersucht werden, welche Gemeinsamkeiten und Unterschiede die Rhetorik der Antike und die Grundannahmen des Neurolinguistischen Programmieren aufweisen. Unter Einbeziehung der Erkenntnisse der NLP-Urväter findet ein Vergleich mit den NLP-Grundannahmen statt. Ebenso werden Parallelen zu Methoden aufgedeckt und abschließend die grundlegenden Unterschiede herausgestellt.

Als eine „Orientierung für die Lebenspraxis“ (Fuhrmann 1990, 30), die die Sophisten und Philosophen dem Volk in Zeiten der Krise mitgeben wollten, kann man das Neurolinguistische Programmieren im Allgemeinen auch bezeichnen. In Kapitel zwei ist dargestellt, dass NLP für die erfolgreiche zwischenmenschliche Kommunikation, erwünschte mentale Veränderungen und u. a. Problemlösungsstrategien anwendbar ist.

Bandler und Grinder sagen, dass wenn man „einen ersten Kontakt mit jemandem herstellt, [...] er wahrscheinlich in einem dieser drei wichtigsten Repräsentationssysteme denken [wird; F.S.]. Innerlich wird er entweder visuelle Vorstellungen erzeugen, Gefühle haben, mit sich selbst sprechen und Geräusche bzw. Klänge hören.“ (Bandler 1994, 31). Daraus ergibt sich folgende Grundannahme: „Kommunikation ist redundant. Man kommuniziert immer in den drei Haupt-Repräsentationssystemen gleichzeitig.“ Dies wurde bereits von Platon als „eine Kunst der Seelenführung durch Worte“ (Internetquelle 3) bezeichnet. Dieser Bezeichnung zufolge kann man durch visuelle und auditive Reize, also den Worten und deren Bedeutung, das tiefste Innere beeinflussen.

Aristoteles (Vickers 2008, 91) sieht in Mimik, Stimme und Sinneseindruck Potential, was bedeutet, dass man sich in den drei Haupt-Repräsentationssystemen gleichzeitig ausdrückt und dem Kommunikationspartner auf all diesen Ebenen parallel Informationen zukommen lassen kann.

„Alle Menschen haben Ressourcen, um jede gewünschte Veränderung an sich vorzunehmen.“ Alles, was wir erreichen wollen, können wir erreichen. Die Lösung oder auch Antwort liegt in uns. Das Ziel der Sophisten, die ganze Persönlichkeit eines Menschen zu bilden, brachte die Frageform der Dialektik mit sich: „Der Vorteil dieses Verfahrens liegt darin, daß die reine, nur dem Verfasser verstehbare Abstraktion ausgeschaltet wird, denn der Schüler soll ja durch eigene Fragen selbst auf die richtige Antwort kommen." (Eisenhut 1974, 16). Die Antwort wird quasi aus dem Gefragten herausgeholt, seine Ressourcen umfassten diese.

Isokrates Auffassung divergiert hier etwas:

> „Er warnt vor einer Überschätzung des Lehrens und Lernens; er meint, dass Bildung und rednerisches Können vor allem von der Begabung und von der Intensität des Umgangs mit den Dingen, von der Erfahrung abhingen. Die Lehre könne lediglich den Prozess des Hervorbringens erleichtern, könne Unsicherheiten und Missgriffe verhüten helfen. Wer nicht begabt sei, den vermöge der Unterricht ein Stück weit über seine bisherigen Grenzen hinauszubringen; ein Redner werde nie aus ihm." (Fuhrmann 1990, 26)

Fuhrmann (1990, 28 f.) fährt fort, dass Anaximenes, dessen Werk kurze Zeit vor der „Rhetorik" Aristoteles entstand, der Auffassung war, dass „jeder tun darf, was er tun kann, dass es - abgesehen von Gewalt - nur eine Schranke des Handelns gibt: das eigene Vermögen."

Bateson äußerte, dass „Weltanschauungen und Charakterzüge erlernt werden." (Walker 2010, 77) und somit ist es auch möglich, Veränderungen durchzuführen. In der Antike sprach man vor allem von Üben und Lernen und in diesem Rahmen von einer gewissen Möglichkeit, über sein Können hinaus zu wachsen. Ohne jegliche Begabung sollte im Bezug auf die Professionalität in der Rhetorik jedoch auch kein Wunder möglich sein.

Fritz Perls stellte fest, „daß die verbalen Bekundungen seiner Klienten oft im Widerspruch zu ihrer nonvverbalen Kommunikation standen." (Walker 2010, 144). Daraus entwickelte sich die Grundannahme: „Individuen haben zwei Ebenen der Kommunikation: die bewußte und die unbewußte." Bereits Aristoteles (1999, 76 f.) schrieb, dass einerseits allein die Enthymeme (so bezeichnet er die verwendeten Argumente) zur Überzeugung dienen, andererseits auch der Gemütszustand des Zuhörers eine wichtige Rolle spiele und daher auch die Affekte wichtig seien. Er schrieb weiter, es sei notwendig, nicht nur auf die beweis- und überzeugungskräftige Aussage zu achten, „sondern auch auf sein eigenes Auftreten und darauf, den Urteilenden zu beeinflussen." (ebd.).

> „Aristoteles akzeptiert also die Gegebenheiten der rhetorischen Situation und definiert [...] drei Arten von Überzeugung, ethos, pathos und logos (logischer Beweis). Er begründet dieses Vorgehen mit der Verbindung zwischen Gefühlen und Gedanken, die er als grundlegend ansieht. Die Vernunft trete nur selten losgelöst von Emotionen auf; 'denn ein und dasselbe erscheint nicht in gleicher Weise... den Zornigen und denen in sanfter Gemütslage, sondern die Ansichten sind entweder ganz und gar oder hinsichtlich ihrer Gewichtigkeit verschieden' (1377b21ff.). So müsse der Anwalt seine Gegner in einem ungünstigen Licht erscheinen lassen und die Gefühle des Richters gegen sie aufwiegeln, wobei er gezielt Emotionen entfessele, um Überzeugung zu erreichen. " (Vickers 2008, 91)

Diese Lehre zeigt ein bereits vorhandenes Bewusstsein über Bewusstsein und Unterbewusstsein und die Erkenntnis, dieses Wissen in der rednerischen Kommunikation zu nutzen.

„Die Intention allen Verhaltens ist positiv." Das erkannte bereits Aristoteles und schrieb: „Die Rhetorik sei also als Fähigkeit definiert, das Überzeugende, das jeder Sache innewohnt, zu erkennen." (Aristoteles 1999,11). Dass die Intention allen Verhaltens positiv ist, drückt Aristoteles außerdem noch in diesem Glaubenssatz aus: „Nahezu jedem liegt privat wie öffentlich ein Ziel vor Augen, welches zu erreichen sein Streben und Meiden bestimmt. Das sind hauptsächlich die Glückseligkeit und ihre Bestandteile." (ebd., 24). Virginia Satir war derselben Überzeugung und vertrat den Standpunkt, „daß jeder Mensch mit seinem Verhalten positive Absichten verfolgt" und bezog diesen in ihre therapeutische Arbeit mit ein. (vgl. Walker 2010, 191)

„Die Landkarte ist nicht das Territorium. Menschen reagieren auf ihre ‚Karte der Realität', nicht auf die Realität selbst. NLP ist die Wissenschaft von der Veränderung dieser Landkarten." Mit der Wahrheit beschäftigten sich die Sophisten und Philosophen und sie definierten sie auch. Doch keiner wagte zu behaupten, dass es eine einzige Wahrheit gibt. Somit bestand die Möglichkeit der individuellen Wahrheitsauffassung schon damals. Aristoteles spricht davon, dass „die Menschen von Natur aus hinlänglich zur Wahrheit bestimmt" (ebd., 10) sind und diese dann meistens auch treffen. „Denn zu sehen, was wahr ist und was der Wahrheit nahekommt, entspringt derselben Fähigkeit. Daher bedeutet das Wahrscheinliche zu treffen in der Mehrzahl der Fälle gleichviel wie die Wahrheit zu treffen." (ebd.)

Gorgias Auffassung war, „nicht Wahrheit und Wissen, sondern Schein und Meinung [seien; F.S.] die fundamentalen Gegebenheiten der menschlichen Existenz." (Fuhrmann 1990, 18 f.) „Hierauf muss man [...] achten, wenn man die blanke Wahrheit sagt: das Wahre, das unwahrscheinlich ist, klingt unglaubwürdig." (Fuhrmann 1990,88)

Platon in einer Ausführung über Sokrates: Die Grenzen ihrer „Landkarte" erreichten sämtliche Gelehrte und Wissenschaftler, als Sokrates ihr mangelndes Wissen enttarnte. Er stellte ihnen – um seine eigene Weisheit zu prüfen – so viele Fragen, dass diese über ihr Fachgebiet hinaus keinen Rat wussten. »Was mag der Gott wohl meinen[…]? Ich weiß nämlich ganz genau, daß ich nicht weise bin, weder viel noch wenig. Was meint er also, wenn er sagt, ich sei der Weiseste? Denn ganz gewiss lügt er ja nicht; das ist nicht seine Art«" (Plato 1986, 17 ff.) Dieser Dialog zeigt, dass Menschen auch damals schon ihre eigene „Landkarte" für das „Gebiet" hielten. Platon erkannte das und zeigte ihnen ihre Grenzen, welche laut NLP natürlich überwunden werden können. Bandler und Grinder äußerten in einem ihrer NLP-Workshops: „Wir haben keine Ahnung von der ‚wirklichen' Natur der Dinge, und wir sind nicht sonderlich daran interessiert, was ‚wahr' ist. […] Wir bieten euch nicht etwas an, was wahr ist, sondern nur Dinge, die nützlich sind." (Bandler 1994, 23).

Eine Regel von Bandler und Grinder ist: „Wenn das, was du tust, nicht funktioniert, tue etwas anderes." (ebd., 30). Es gibt keine resistenten Gesprächspartner und es ist unangebracht, die Schuld dem Gegenüber zuzuweisen. Mit Änderung des eigenen Verhaltens ermöglicht man ein erfolgreiches Fortkommen im Gespräch. Hierauf basieren die Grundannahmen: „Die Person mit der größten Verhaltensvariabilität kontrolliert die Situation." Und „Rapport bedeutet, dem anderen im Modell seiner Welt zu begegnen." Um mit einem Kommunikationspartner eine gute Beziehung aufzubauen, muss man sich auf sein Weltmodell einlassen. Hierfür bedarf es einer guten Beobachtung, Toleranz, Einfühlungsvermögen, Neugier und Flexibilität. Diese beiden Grundannahmen lassen sich an dieser Stelle mit einigen antiken Äußerungen belegen. Cicero (1986, 73) betont, dass die volle Wirkung eines Redners erst dann erreicht würde, wenn er „die natürliche Veranlagung der Menschen und das gesamte Wesen der menschlichen Natur sowie die Gründe, die Stimmungen erzeugen und in eine andere Richtung lenken, gründlich kennt." Der Redner muss sich situationsadäquat verhalten und jedem angebotenen Verhalten entgegenkommen können. In diesem Zusammenhang spricht Cicero auch von verschiedenen Stilarten, die ein Redner beherrschen soll:

> „Zu überzeugen ist eine Sache der Notwendigkeit, Gefallen zu finden eine Frage der Liebenswürdigkeit, Eindruck zu machen eine Voraussetzung des Sieges. [...] Aber es gibt so viele Stilarten, wie es Aufgaben des Redners gibt: den schlichten, wenn es darauf ankommt, zu überzeugen; den gemäßigten, wenn man Gefallen finden will; den leidenschaftlichen, wenn es darum geht, erschütternden Eindruck zu machen. In diesem einen liegt die gesamte Wirkungsmöglichkeit des Redners." (Cicero 2004 , 64)

> Der gute Redner „wird sich ein Urteil zu bilden haben, was jeweils nötig ist, und er wird so zu reden vermögen, wie es der Fall auch immer erfordert. Aber die Redekunst hat wie die anderen Fähigkeiten ihre Grundlage in der Weisheit. Denn wie im Leben so gibt es auch in der Rede nichts Schwierigeres, als zu sehen, was angemessen ist." (Cicero 2004, 65 ff.)

Bereits in der Antike wurde die Notwendigkeit, eine Beziehung zum Publikum aufzubauen, erkannt. Dazu bedarf es der Gabe, sich situationsadäquat zu verhalten.

„Wenn jemand etwas tun kann, ist es möglich, sein Verhalten zu modellieren und es jemand anderem zu lehren." Wie im zweiten Kapitel über die Entstehung des NLP ausgeführt wurde, ist es möglich, jedes Verhalten zu analysieren und in ein erlernbares Modell zu verpacken. Bandler (1994, 23) sagte hierzu: „Wir nennen uns Modellbauer (modelers). Was wir im

Grunde tun, ist, wenig Aufmerksamkeit auf das zu richten, was die Leute sagen, daß sie tun, und viel Aufmerksamkeit auf das zu richten, was sie tun.“ Cizek (1994, 1 f.) schreibt nun, dass „bereits in der Antike [...] der Nachahmungs- bzw. Umsetzungsvorgang die Darstellung jeweils zeitgenössischer Sachen beeinflusst [hat; F.S.]. Man schilderte bestimmte Dinge nach einem vorgegebenen Muster - gedanklich und formell. Es war viel mehr von Interesse, bereits Vorhandenes nachzuahmen, als neues zu erfinden.“ Daraus ließe sich schließen, dass man bereits damals erfolgreiches Verhalten modellierte und für den eigenen Erfolg übernahm.

Die wohl höchste Priorität im NLP hat die Beobachtung. Sie ist Grundvoraussetzung für eine gut gelingende Kommunikation. In der Grundannahme „Es gibt keinen Ersatz für saubere, offene sensorische Kanäle.“ wird dies verdeutlicht. Hinzu kommt die Technik der Visualisierung. Sich Dinge bildlich zu verdeutlichen, führt oftmals zu bleibenden Eindrücken. Das emotionale Anregen ist schließlich ein nicht zu verachtender Sinneskanal.

„Der Redner mußte selbst von innen ergriffen sein, um sie bei seinen Zuhörern hervorrufen zu können.“ (Fuhrmann 1990, 98 nach Quintilian – Schrift nicht zugänglich)

Wie Visualisierung schon in der Antike genutzt wurde, wird im Folgenden dargestellt:

> „Da der antike Redner frei zu sprechen pflegte, da er somit den präparierten Vortrag - zumindest im Umriß - auswendig lernen mußte, gehörte ein gewisses Gedächtnistraining zu den selbstverständlichen Requisiten des rhetorischen Unterrichts. Die Handbücher pflegen eine Mnemotechnik zu empfehlen, die auf sogenannten Gedächtnisörtern und Gedächtnisbildern beruht. Man stelle sich z. B. ein Haus mit vielen Zimmern vor, ein wirkliches oder ein erdachtes, doch so, daß über die Anordnung keinerlei Zweifel besteht; dann verteile man den jeweiligen Redestoff auf diese Zimmer, wobei jeder Abschnitt der Rede durch einen in einem jeden Zimmer untergebrachten Gegenstand, das Gedächtnisbild, symbolisiert wird - in dem Zimmer, das für eine Seefahrt steht, hängt ein Anker, in demjenigen, das an einen Kampf erin-

nern soll, ein Schwert usw." (Fuhrmann 1990,79 nach Quintilian – Schrift nicht zugänglich)

Fuhrmann (ebd., 117) äußerte ebenso zur Visualisierung, dass der Redner sich bemühen solle, einen Sachverhalt klar darzustellen, eine Sache zu veranschaulichen, indem er sie verbildlicht und der Zuschauer sie vor seinem eigenen Auge sieht. Walker (2010, 222) schreibt, dass Milton H. Erickson die Sprache der Menschen, mit denen er kommunizierte, übernahm und sich ebenso „in der Wahl der Analogien und Metaphern" (ebd.) an seinem Gegenüber ausrichtete. Eingehend auf den jeweiligen Kontext der Gesprächspartner entstanden somit eindeutige Bilder in deren Köpfen.

Im zweiten Teil des vierten Kapitels wurde bereits auf die Anforderungen an die Rhetoren der Antike eingegangen. Unterschiede liegen im Menschenbild bzw. Bild des Rhetors. Während im Neurolinguistischen Programmmieren jedes Verhalten in jedem Kontext toleriert werden kann, fordern zum Beispiel die Stoa und die Römer „ vom Redner mehr oder minder ausdrücklich gewisse moralische Qualifikationen, womit sie ihm zugleich Beschränkungen in der Wahl seiner Mittel auferlegen." (Fuhrmann 1990, 13). Dieser Typus eines Redners umfasste „eine hemmungslos demagogische Meinungsmache" die „wahre[…] Beredsamkeit aus[schloss; F.S.]." (ebd.) Desweitern lehrten „die Stoiker […], die Rhetorik sei 'die Wissenschaft, gut zu reden', wobei sie mit ›gut‹ nicht nur auf einen ästhetischen und intellektuellen, sondern auch auf einen moralischen Maßstab zielten." (ebd.)

> „In der klassischen Rhetorik kommt es häufig vor, dass einem guten Redner genau eine Eigenschaft zugeschrieben wird. Dabei geht es vor allem um die Fähigkeit des Redners, die Gefühle seiner Zuhörer total im Griff zu haben. Er soll sie lenken können in alle Richtungen, in jede Gefühlslage versetzen können und schließlich jedes angestrebte Ziel erreichen. (Vickers 2008, 93)

Ciceros (1986, 229) Anforderungen an den perfekten Redner waren:

> „Er weiß bei der Beratung über wichtige Anliegen mit Würde seine Meinung darzulegen. Er versteht das Volk in seiner Trägheit mitzureißen und seine Zügellosigkeit zu mäßigen. Seine Befähi-

> gung bringt Schurken das Verderben und Unschuldigen die Rettung. Wer könnte glühender zu männlicher Bewährung mahnen, wer leidenschaftlicher zur Abkehr von Verfehlungen aufrufen, wer das Gesindel schärfer tadeln und die Guten schöner loben, wer als Ankläger die Begierde wirkungsvoller in die Schranken weisen und wer als Tröster die Betrübnis sanfter lindern?"

Abschließend ist festzustellen, dass es in der Antike leicht divergierende Bilder eines guten Rhetors gab, was mit den verschiedenen Auffassungen von Wahrheit und Wahrscheinlichkeit einhergeht. Damals wie heute ist das Aufbauen einer Beziehung zwischen Kommunikationspartnern essentiell und wurde auch so schriftlich festgehalten. Mittel und Wege variieren. Während es z. B. demagogische oder gemäßigte Arten des Vortrags gab, so gibt es auch im NLP die Grundannahme einer „Verhaltensvariabilität". Aufmerksames Beobachten und Zuhören sind zu allen Zeiten die Voraussetzung für ein situationsadäquates Reden. Bedenkt man nun noch, dass alle glücklich sein wollen (vgl. Aristoteles 1999, 24) bzw. die „Intention allen Verhaltens positiv" sei, dann liegt es auf der Hand, dass die Grundannahmen des NLP ihre Wurzeln schon in der Antike haben.

6 Zusammenfassung und Ausblick

Wie zu lesen war, ist Neurolinguistisches Programmieren ein viel diskutiertes Thema. Was sich hinter diesem Begriff verbirgt, wurde eingehend geklärt und der Begriff definiert. Hieraus ergaben sich die facettenreichen Anwendungsgebiete dieses Kommunikationsmodells, welches u. a. Therapie und Veränderungsarbeit umfasst. Die Verarbeitung der Sinnesreize im Gehirn wurde erläutert. Ebenso wurde die Funktionsweise des Modellierens erklärt und wie sich daraus die Methoden des NLP entwickelten.

Die detaillierte Darstellung der einzelnen Biografien der NLP-Begründer der ersten Generation und Auszüge der Wurzeln des NLP zeigen die positive Intention, die dieses Kommunikations- und Therapiekonzept beinhaltet. Eine Abbildung sämtlicher Wurzeln des NLP gibt einen zusätzlichen Überblick über die Vielfältigkeit der Grundlagen. Die Grundannahmen, die aus den Persönlichkeiten und Weltanschauungen der NLP-Begründer hervorgingen, wurden vorgestellt und erläutert.

Die darauffolgende Untersuchung der antiken rhetorischen Grundannahmen beinhaltet eine Darstellung der Entwicklung der Rhetorik in der Antike. Hierbei wird der Verlauf der Rhetorik bis ins römische Reich aufgezeigt. Desweiteren setzt sich diese Untersuchung mit den Anforderungen an die Rhetoren auseinander. Diese wurden nach den logischen Ebenen von Dilts (vgl. Strikker 1994, 49 ff.) kategorisiert und die Auffassungen großer rhetorischer und philosophischer Persönlichkeiten darin offenbart.

Aus diesen Punkten ergaben sich eindeutige Vergleichspunkte. Schnell war festzustellen, dass die Auffassungen der Antike bezüglich der Kommunikation viele Gemeinsamkeiten mit denen des NLP haben. Ebenso fielen einige Unterschiede auf. Zur Veranschaulichung wurden im Vergleich die Grundannahmen des NLP zur Strukturierung genutzt. Die Äußerungen von Cicero, Aristoteles, Qunitilian, Platon, Sokrates wurden mit denen Batesons, Perls, Satirs, Ericksons, Bandlers und Grinders verbunden und die Grundannahmen damit belegt bzw. widerlegt.

Ergebnis ist, dass es in der Antike ein Bild eines Rhetors gab, welches im Bezug auf die Wahrheitsauffassung unterschiedlich betrachtet wurde. In der antiken Rhetorik wie auch im NLP ist es die Aufgabe des Redners, sich dem Kommunikationspartner bzw. dem Umfeld anzupassen. Während NLP vermittelt, jedes Ziel könne Schritt für Schritt erreicht werden, war die antike Auffassung bezüglich des Lernverhaltens starrer. Aufmerksames Beobachten und Zuhören hingegen wird in der antiken Rhetorik genauso wie im NLP als die Voraussetzung für ein situationsadäquates Reden betrachtet. Der Vergleich zeigt, dass die Grundannahmen des Neurolinguistischen Programmierens sowie einige Methoden ihre Wurzeln bereits in der Rhetorik der Antike haben. Das Bild eines Rhetors, welches in der Antike beschrieben wurde, ist als einzige Auffassung den Grundannahmen des NLP fremd. Da im NLP Toleranz, Flexibilität und Lernprozesse großgeschrieben werden, gibt es kein starres Bild, vielmehr den Wert: „Alles ist möglich." Somit hat das Neurolinguistische Programmieren seine Daseinsberechtigung, nicht zuletzt dadurch, da sich seine Grundannahmen und Methoden auf die antike Rhetorik stützen. Damit kann man den NLP-Gegnern, die behaupten, es sei nicht wissenschaftlich fundiert, zeigen, dass NLP bereits über zweitausend Jahre alte Auffassungen beinhaltet, die sich allgemeingültig bewahrheitet haben.

Diese Erkenntnis bietet noch viele Möglichkeiten für weitere wissenschaftliche Arbeiten. Man könnte die Wurzeln des NLP sehr ausführlich untersuchen. Desweiteren ergäbe eine weitergehende Betrachtung der einzelnen NLP-Begründer vielleicht, dass diese sich bereits intensiv mit der antiken Rhetorik befassten. Der Vergleich könnte zeitlich ausgedehnt werden. Wie entwickelte sich die Rhetorik im Mittelalter und der Neuzeit? Welche Vergleichspunkte ergeben sich eventuell durch die Ausdehnung des Zeitrahmens?

Ebenso ist eine vertiefte Betrachtung der Schriften Aristoteles, Platons, Ciceros etc. denkbar, denn die in der hier vorliegenden Arbeit aufgeführten Ergebnisse sind längst nicht bis ins Detail untersucht wurden. Sie stellen vielmehr einen Überblick dar, der noch weiter ausgebaut werden könnte.

7 Literaturverzeichnis

Aristoteles / Krapinger, Gernot (Hg.) (1999): Rhetorik. Reclam Verlag Stuttgart.

Bandler, Richard / Grinder, John (1994): Neue Wege der Kurzzeit-Therapie. Neurolinguistische Programme. 11. Auflage. Junfermann Verlag Paderborn.

Bandler, Richard / Grinder, John (1995): Reframing. Ein ökologischer Ansatz in der Psychotherapie (NLP). 6. Auflage. Junfermann Verlag Paderborn.

Cicero, Marcus Tullius / Merklin, Harald (Hg.) (1997): De oratore. Über den Redner. Lateinisch/Deutsch. 2. Bibliographisch ergänzte Auflage. Reclam Verlag Stuttgart.

Cicero, Marcus Tullius / Merklin, Harald (Hg.) (2004): Orator. Der Redner. Lateinisch/Deutsch. Reclam Verlag Stuttgart.

Cizek, Alexander (1994): Imitatio et tractatio. Die literarisch-rhetorischen Grundlagen der Nachahmung in Antike und Mittelalter. Niemeyer Verlag Tübingen.

Eisenhut, Werner (1974): Einführung in die antike Rhetorik und ihre Geschichte. Wissenschaftliche Buchgesellschaft Darmstadt.

Fuhrmann, Manfred (1990): Die antike Rhetorik. Eine Einführung. 3. Auflage. Artemis Verlag München und Zürich.

Göttert, Karl-Heinz (2009): Einführung in die Rhetorik. Grundbegriffe – Geschichte – Rezeption. 4. überarbeitete Auflage. Fink Verlag München.

Grochowiak, Klaus (2007): Das NLP-Practitioner-Handbuch. 3. Auflage. Junfermann Verlag.

Mohl, Alexa (2002): NLP. Was ist das eigentlich? Neurolinguistische Fähigkeiten im Überblick. Eine Entscheidungshilfe für Berater, Therapeuten, Lehrer, Trainer, Verkäufer und Führungskräfte. Junfermann Verlag Paderborn.

Platon / Fuhrmann, Manfred (Hg.) (1986): Apologie des Sokrates. Griechisch/Deutsch. Reclam Verlag Stuttgart.

Platon / Hildebrandt, Kurt (Hg.) (1979): Phaidros. Reclam Verlag Stuttgart.

Strikker, Frank / Strikker, Heidrun (1994): Redekunst im Rampenlicht. Mit Persönlichkeit, NLP und Kreativität überzeugen. Moderne Industrie Verlag Landsberg/Lech.

Ueding, Gert / Steinbrink, Bernd (1994): Grundriss der Rhetorik. Geschichte, Technik, Methode. 3. überarbeitete und erweiterte Auflage. Metzler Verlag Stuttgart und Weimar.

Vickers, Brian / Köllmann, Sabine (2008): Mächtige Worte. Antike Rhetorik und europäische Literatur. LIT Verlag Berlin.

Walker, Wolfgang (2000): Abenteuer Kommunikation. Bateson, Perls, Satir, Erickson und die Anfänge des Neurolinguistischen Programmierens (NLP). 5. Auflage. Klett-Cotta Verlag Stuttgart.

Weerth, Rupprecht (1994): NLP & Imagination. Grundannahmen, Methoden, Möglichkeiten und Grenzen. 2. Auflage. Junfermann Verlag Paderborn.

Internetquellen

Internetquelle 1: http://www.dvnlp.de/NLP-Vorannahmen.703.0.html (12.05.2012)

Internetquelle 2: http://nlpportal.org/nlpedia/wiki/Grundannahmen_des_NLP (12.05.2012)

Internetquelle 3: http://www.scribd.com/doc/16199749/Phaidros#download (14.05.2012)
deutsch: „Vom Schönen", Internetquelle 3, 261 a, Seite 50

Abbildungsverzeichnis